A FRI WORTU

ISBN 978-90-825200-7-1
NUR 600

www.evatasfoundation.com

A FRI WORTU
HET VRIJE WOORD

SYLVANA VAN DEN BRAAK

~~CENSUUR~~
IN SURINAME

EVATASFOUNDATION

Amsterdam 2017

Voor mijn ouders Frans van den Braak en Henriëtte van Riet en mijn broer Gianni van den Braak, die altijd achter mij staan en mij hebben geleerd alles met passie uit te voeren. En voor Alphons van den Braak. Alphons was een jongen die tijdens zijn baan bij een groentewinkel weigerde outspan-sinaasappelen te verkopen en intussen een shirt droeg met daarop: 'Pers geen Zuid-Afrikaan uit', mensen overhaalde hun brommer te verkopen voor het milieu en in de wereldwinkel en bij een nieuwsblad de wereld aan het verbeteren was. Kortom: een man die vocht waar hij voor stond.

VOORWOORD

Voor u ligt het boek *A Fri Wortu*, Sranan Tongo (Surinaams) voor 'Het vrije woord'. Het Sranan is een ruwe eerlijke taal die vooral op straat wordt gesproken en staat bekend als eerlijk en soms zelfs ietwat grof. In Suriname wordt er verder voornamelijk Nederlands gesproken. Met name door de pers, de overheid en in het onderwijs.

Dit boekje is ontstaan na mijn scriptie over persvrijheid in Suriname die voortkwam uit mijn stage van vijf maanden bij *Parbode Magazine*. Tijdens deze periode ben ik verliefd geworden op het land, de cultuur, de mensen en ook de journalistiek. Dit verhaal is in eerste instantie een eerbetoon aan alle dappere journalisten die elke dag goede journalistiek proberen te bedrijven. Na het samenwerken met en spreken van zoveel gepassioneerde journalisten, die ondanks veel tegenslagen alsnog strijden voor persvrijheid, vrijheid van meningsuiting en hoge kwaliteit van de pers, ben ik enorm geïnspireerd geraakt. Toen ik op 27 januari 2014 voor het eerst wegvloog uit mijn Switi Sranan kreeg ik Suriname dan ook niet meer uit mijn hoofd.

Het was een grote eer om dit verhaal te mogen maken: *Mik wang switi leisi presiri!*

Sylvana van den Braak
Amsterdam, mei 2017

INLEIDING

"Zet Suriname in een context Sylvana."

Dit drukte een inspirerende Surinaamse journalist mij nadrukkelijk op het hart, tijdens mijn onderzoek naar de Surinaamse journalistiek. Met dit advies in mijn achterhoofd wil ik de lezer vragen het volgende aandachtig te lezen en in gedachten te houden tijdens het lezen van dit boek:

Suriname groeit elke dag. Elke week, elke dag zijn er weer nieuwe ontwikkelingen. Het land valt onmogelijk te vergelijken met andere landen, omdat het nog zo jong is. Elk land gaat een proces door. Dit wordt vaak vergeten omdat veel Westerse landen al een enorme ontwikkeling hebben doorgemaakt. Op dit moment gebeurt er ontzettend veel in Suriname en ik heb mijn best gedaan om dit allemaal te verwerken in dit boek. Zoals te lezen groeit het land, maar neemt het soms ook stapjes terug. Ik geloof in ieder geval dat Suriname ontzettend veel potentie bezit.

_ 'Tweede thuis'

Suriname, een klein en voor velen onbekend land in Zuid-Amerika, is misschien wel het meest indrukwekkende en bijzondere land dat ik heb mogen ervaren. De warme mensen, Surinaamse *poku*, het heerlijke eten en de pure jungle: ik had nog nooit zoiets gezien. Vanaf het moment dat je het vliegtuig uitstapt ruik je de tropische amazonegeur en voel je de klamme warmte. Voor sommige mensen een heel onprettig fenomeen, voor mij een gevoel van thuiskomen: eigenlijk mijn 'tweede thuis'.

Op 5 september 2013 vloog ik voor het eerst naar Paramaribo om voor mijn stage als journalist aan de slag te gaan bij *Parbode Magazine*, het enige opinieblad van Suriname. Ik keek mijn ogen uit, zowel door het verschil in omgeving als in het werkveld. Mijn collega's hadden veel verhalen te vertellen over de journalistiek en persvrijheid. Ik raakte me er steeds meer van bewust dat kritisch schrijven in Suriname veel minder aannemelijk is dan in Nederland.

_ Factoren

Als het gaat om vrijheid in de journalistiek wereldwijd zijn er drie factoren die bepalend zijn voor journalisten om hun werk in vrijheid te kunnen uitvoeren. Ten eerste is dat het *legal framework*: Is de wetgeving zo georganiseerd dat journalisten alle informatie kunnen publiceren en dan ook in hun recht staan? Daarna volgt de *politieke vrijheid*. Hierin kijkt men naar hoe en of de vrijheid, die is vastgelegd in het legale netwerk, ook daadwerkelijk wordt geconsumeerd in de praktijk. En tot slot de *economische vrijheid*, een belangrijke factor die vaak vergeten wordt. Is een medialandschap in staat haar journalisten zodanig vrij te stellen via de salariëring voor hun werk, dat zij niet in de verleiding komen om grote omkoperij te accepteren en gaan opschrijven wat de machthebbers of het bedrijfsleven wil? Er is in de loop der jaren veel verbeterd qua persvrijheid, maar hoeveel speelruimte krijgt, en misschien nog belangrijker, neemt de huidige pers nu?

De journalistiek in Suriname is net zo vruchtbaar als het land zelf. Het heeft de eigenschappen van lokale journalistiek: door de kleine maatschappij kan de journalist heel persoonlijke verhalen vertellen die voor velen herkenbaar zijn. Er ligt bovendien ontzettend veel interessante en bijzondere informatie voor het oprapen die nog niet beschreven of ontdekt is. Daarnaast valt er ook nog veel te betekenen: wat de journalist schrijft, kan het verschil maken.

Hier tegenover staat echter een handvol tegenslagen waar verslaggevers dagelijks mee te maken hebben tijdens het uitvoeren van hun werk. Denk hierbij aan de invloed vanuit de politiek en het bedrijfsleven, slechte economische situatie voor journalisten, ons-kent-ons samenleving, zelfcensuur en laaggeschooldheid.

Deze factoren zijn er slechts een aantal van veel, die de journalistiek beïnvloeden en een ongezond persklimaat veroorzaken. Het grootste probleem is dat al deze problemen elkaar in stand houden. Journalisten worden dus niet alleen beperkt, maar leggen zichzelf door alle problemen ook beperkingen op. Dit betekent dat deze situatie lastig te doorbreken is: het ligt genuanceerd. Desalniettemin krijgen de burgers, door het lage niveau van de journalistiek en de onvolledige persvrijheid, niet altijd de objectieve informatie die zij nodig hebben om hun stem te vormen. Dit is een regelrechte aanval op de democratie. In de hoofdstukken van dit boek worden deze verschillende aspecten verder belicht.

NITA RAMCHARAN:
"Het feit dat Leslie het leven is ontnomen om het vrije woord, is de reden dat ik voor dit vak heb gekozen. Ik zet zijn werk voort".

Nadat de toenmalige verloofde van Nita Ramcharan van het leven werd beroofd tijdens de Decembermoorden in de jaren '80, besloot zij haar beroep als lerares om te ruilen voor journalist. Na hoofdredacteur te zijn geweest bij onder andere *de Ware Tijd*, heeft ze haar eigen nieuwssite *Starnieuws* opgezet. Haar grootste motivatie hiervoor was de invloed van media-eigenaren op de journalistieke inhoud. Met *Starnieuws* wil ze het anders doen, wat voor haar betekent: journalistiek bedrijven zonder verborgen agenda's.

HOOFDSTUK 1 _ OGEN VOL ZAND

Suriname is jong, onafhankelijk sinds 1975, en heeft in haar jonge jaren een hoop meegemaakt. Een terugblik op de geschiedenis van de Surinaamse pers: een combinatie van periodes met relatieve persvrijheid en periodes met strenge censuur.

_ Koloniale tijdperk

De allereerste krant in Suriname, genaamd *De Weeklijksche Surinaamse Courant*, ontstond in 1774 en werd eigenlijk direct verboden door de VOC. Aan het einde van de achttiende eeuw groeide de journalistieke cultuur kort gezegd uit naar een medialandschap waarin ruimte was voor kritische geesten en vrijheid van drukpers.

Begin negentiende eeuw veranderde dit. De krant was een doorgeefluik van de overheid en van 1843 tot en met 1846 werd de pers zelfs stopgezet. In 1852 werden de berichten in de krant in zowel Nederlands als Sranan Tongo geplaatst. In de vertaling, die bedoelt was voor de slaven, werden echter vaak stukken tekst weggelaten om ophef te voorkomen.

In 1865 werd perstoezicht weer opgeheven, maar werden redacteuren aangeklaagd, soms zelfs opgesloten en/of advertenties stopgezet. 1 juli 1863 werd de slavernij afgeschaft. Dit zorgde, samen met de instelling van persvrijheid in 1865 en de vorming van koloniale staten in 1866, voor een levendigere pers. *De West Indiër* ontstond en was de eerste krant die kritiek durfde te uiten op de Nederlandse kolonisator. Wel was er nog steeds sprake van corruptie en toezicht vanuit de overheid. Na 1945 namen de kranten geen blad meer voor de mond. Ze weerspiegelden de maatschappij, leverden hier commentaar op en wakkerden discussies aan. Hiermee vervulden zij een kerntaak van de pers.

In de laatste periode van het Nederlandse kolonialisme in Suriname was de samenleving kleinschalig en het nieuws verspreidde zich vooral via *mofokoranti* (via-via). Het nieuws en de kritiek was meer gericht op personen in plaats van de maatschappij en politiek. Alle bladen waren gebonden aan een politieke stroming waardoor er geen onafhankelijke journalistieke formule was, wat weer zijn weerslag had op de kwaliteit. Kranten waren een propaganda-orgaan voor politieke partijen. Uiteindelijk werd het medialandschap diverser en er kwamen er nieuwe kranten. *De Ware Tijd* probeerde een koers van ongebonden journalistiek te varen en legde als eerste de nadruk op lokaal nieuws. In de jaren zestig van de twintigste eeuw bereikte de dagbladpers uiteindelijk een meer volwassen status. Er werden nieuwe doelgroepen bereikt, er ontstond een nieuwe journalistieke formule en een grote redactionele onafhankelijkheid.

_ Onafhankelijk Suriname en de staatsgreep
In de jaren zeventig schreef een groot aantal nieuwe weekbladen kritisch over maatschappelijke problemen. Dit kwam ongetwijfeld door de openlijke sfeer na het verdwijnen van de regering Pengel (Johan Adolf Pengel premier van 1963-1969). Ze legden de vinger op de zere plek en brachten dingen aan het licht die de overheid liever geheim hield.

25 februari 1980 werd er een staatsgreep gepleegd door de militairen. Tijdens de coup werden er granaten afgevuurd op het gebouw van avondblad *De West.* Ook elders werden schoten gelost, vertelt Louis Alfaisie, voormalig adjunct-hoofdredacteur van de krant. *De West* had het gedrag van de opstandige militairen 'muiterij' genoemd.

Na de staatsgreep nam Desi Bouterse de leiding van de contacten met journalisten op zich. Persberichten moesten voortaan ter controle naar de Persdienst van de NMR. Hij vertelde de journalisten: *"Voor of tegen doet niet ter zake. Geef de NMR een kans. Er wordt gerekend op jullie steun."* Er werden vertrouwelingen van het bewind geplaatst op de redacties om de inhoud van de programma's te bewaken. Veel journalisten moesten zich verantwoorden over hun berichtgeving tegenover het regime.

Informatie werd klakkeloos van de overheid overgenomen omdat de kranten bang waren om kritiek uit te oefenen. *De Ware Tijd* schrijft 7 november 1980: "Het is duidelijk dat de machthebbers bezig zijn af te tasten. Dat ze daarbij te weinig ruimte laten voor een kritische begeleiding is bijzonder ongelukkig en kan zelfs funest voor hen worden. Men kan dan wel met macht onderwerping afdwingen, maar niet voor eeuwig. Een heroriëntatie is nodig."

Directies, hoofdredacteuren en hoofden van allerlei media werden ontboden, geïntimideerd, mishandeld of zelfs opgesloten door militairen als zij ontevreden waren over publicaties. Zelfcensuur deed opnieuw zijn intrede in de journalistieke wereld. "De STVS was een propagandamachine. In deze periode van perscensuur, werden alle media en journalisten beperkt in de uitoefening van hun beroep", vertelt Nita Ramcharan, journalist en nabestaande van Leslie Rahman, een van de slachtoffers van de Decembermoorden. Veel burgers luisterden in deze periode naar Nederlandse media, in verband met de censuur en ongeloofwaardige Surinaamse media.

Na een mislukte couppoging toonde het militaire bewind zijn ware aard. Vanaf dan was het voor journalisten uitgesloten hun werk goed te kunnen verrichten. Zij werden gefouilleerd op persconferenties en er werd nog scherper gelet op wat er werd gepubliceerd. Op 7 december 1982 werden de redacties van radiozenders Radika en ABC in brand gestoken, de drukkerij van De Vrije Stem werd gebombardeerd. De brandweer was verboden de brand te blussen.

_ Decembermoorden

Op de nacht van 7 op 8 december 1982 werden zestien critici van het militaire regime opgepakt en meegenomen naar Fort Zeelandia. Vijf journalisten: Jozef Slagveer (directeur van persbureau Informa), André Kamperveen (directeur en oprichter van Radio ABC), Bram Behr (van het blad Mokro), Leslie Rahman (verslaggever van de Ware Tijd en van Wrokoman Powa, orgaan van C-47) en Frank Wijngaarde (Radio ABC) werden mishandeld en vermoord door de strijd die zij geleverd hebben voor de vrijheid van meningsuiting. Dit gebeurde ook met tien andere critici van het bewind. De volgende dag werd er op de STVS een bekentenis uitgezonden waarin Jozef Slagveer vertelt over een coup rond kerstmis 1982. Hij was duidelijk mishandeld. In de media werd hierover bericht zoals de overheid dat wilde: *"Zij zijn op de vlucht doodgeschoten."* Over moord werd nooit gesproken tijdens de dictatuur, het zijn de decembergebeurtenissen. Volgens Bouterse hadden de journalisten vanuit hun macht van de pers het volk besmet met verkeerde informatie en opvattingen. Alleen STVS, SRS en *de Ware Tijd* mochten hierna onder strenge censuur blijven uitzenden en verschijnen. Alle andere media kregen een verschijningsverbod. Hierdoor werd *Radio Nederland Wereldomroep* erg populair, maar het regime plaatst hier een stoorzender op.

Dit dieptepunt is nog steeds van invloed op de Surinaamse journalistiek. De vlucht van meer dan twintig journalisten naar het buitenland is een enorm verlies voor het journalistieke beroep in Suriname.

Aan het einde van de militaire periode was de situatie niet aangenaam. Alle mediabedrijven hadden last van onderbemande redacties, wat op zijn beurt een negatief effect had op de kwaliteit van het werk. VPM-voorzitter Edward Naarendorps zegt in 1986: *"Hoezeer de persoonlijke inzet van collega's ook valt toe te juichen en hoezeer dit ook vaak genoeg resulteert in een goed product, de frequentie waarmee het publiek vergast wordt op onwetendheid, heeft een onaanvaardbaar niveau bereikt."* In 2008 deelt hij deze mening nog steeds. In Juli 1986 brak vervolgens de binnenlandse oorlog uit tussen Ronnie Brunswijk en Desi Bouterse, dit ging om een persoonlijk conflict. Tijdens deze oorlog kregen Nederlandse journalisten geen visum om naar Suriname te komen, ook Surinaamse journalisten hadden geen toegang tot de jungle. Objectieve verslaggeving was in deze periode niet mogelijk. Wie iets over het Jungle Commando schreef, kreeg te horen dat hij of zij aan het samenspannen was.

_ Periode na het militaire regime
In 1987 keerde de democratie terug en in 1992 werd de vrede getekend. President Ronald Venetiaan werd de komende drie verkiezingen als president verkozen. De pers probeerde het volk weer te informeren en er kwamen twee dagbladen bij (*Dagblad Suriname* en *Times of Suriname*). Helaas wilden

overheidsfunctionarissen vaak uit bezorgdheid geen journalisten te woord staan en was de sfeer van intimidatie en dreiging voor journalisten tastbaar. Hierdoor was zelfcensuur nog steeds een groot probleem.

Armand Snijders, verhuisde in 1993 van Nederland naar Paramaribo om als journalist aan de slag te gaan. "Ik kwam natuurlijk in een periode waarin de dictatuur net voorbij was en de democratie beslist. Het waren de nadagen van de binnenlandse oorlog en iedereen was een beetje bang en voorzichtig, niet alleen in de journalistiek maar in heel Suriname." Snijders vertelt met een 'Hollandse blik' naar Suriname te zijn vertrokken. "Ik dacht wat een puinhoop, die journalistieke wereld. Maar ik kwam er al snel achter dat het heel bijzonder was dat de kranten nog uitgebracht werden. Er was altijd wel iets: stroomuitval of geen papier om op te drukken. Daarnaast waren er bijna geen kritische journalisten meer, die waren allemaal vertrokken of om zeep geholpen. Alle media waren voorzichtig", aldus Snijders.

Daarnaast werden er advertenties ingetrokken als er te kritisch werd bericht en werden er bewust deviezen (zoals krantenpapier) achtergehouden. Ramcharan legt uit dat men toentertijd dacht dat de regering zaken moest regelen. "In de jaren '80 werkte ik bij *de Ware Tijd*. We vonden het normaal dat de regering ons hielp om vreemde valuta tegen de officiële koers te kopen. Dit hadden we nodig om krantenpapier te importeren. We konden daar toentertijd niet voor naar de bank stappen en op straat moest je heel veel geld neertellen. Dat was altijd zo geweest en maakte ons afhankelijk."
Volgens Snijders had Bouterse in mei 1993 nog een redelijke vinger in de pap. De STVS berichtte over een gevoelig onderwerp waarna de redactie werd overvallen en in de fik gestoken. "Ik was hier net drie dagen en viel met mijn neus in de boter. Een paar mensen raakten gewond, maar dit geeft aan hoeveel spanning er was en dat gaf de journalistiek weer een knauw", vertelt Snijders.

De STVS is een staatszender die tijdens de regering-Venetiaan vrij kritisch was over Bouterse. "Als de redactie dan wordt overvallen, denken Surinaamse journalisten, die veel hebben meegemaakt, wel weer drie keer na voordat ze iets gaan publiceren. Dat is een lang proces geweest", vertelt Snijders.
In financieel-economisch opzicht hadden de kranten te maken met

achterstallig onderhoud van de drukpers en andere materiële uitrusting. Nadat Desi Bouterse werd afgezet als regeringsadviseur en zelf uit de NDP trad, kon er voor het eerst weer gesproken worden over redelijke persvrijheid in Suriname.

De pers leverde stevig commentaar, alleen analyses over het beleid van de regering ontbraken. In 1999 bood de krant voor het eerst weer artikelen met algemene opvattingen en gevoelens van zowel voor- als tegenstanders van het regeringsbeleid aan. Er werd hoor en wederhoor toegepast en de krant bood ruimte voor het publiek om vragen te stellen en meningen te uiten. Snijders vertrok in 1996 en in 2002 voor een jaar naar Curaçao in verband met fysieke mishandeling en intimidatie. Toch besloot de kritische journalist terug te komen naar Suriname. "Ik vind het gewoon leuker in Suriname, zowel het land als het werk. Hier kan ik een verschil maken."

In 2006 verscheen maandblad *Parbode*, momenteel het enige opinieblad. Een medewerker vertelt dat er toentertijd werd ingebroken tijdens een onderzoek naar de Turkse maffia in Paramaribo. Computers en videocamera's werden gestolen en een andere collega kreeg bezoek van vier stevige kerels. Hieruit blijkt dat, ondanks de verbeteringen, bedreiging in 2006 nog een grote rol speelde.

Snijders vond schrijven in *Parbode* erg leuk omdat dit nog impact had. "In Nederland moet je van erg goede huize komen mocht je een stukje publiceren waar men over praat." In het eerste nummer van *Parbode* werd er geschreven over foute zonen in de politiek. "Het was toen echt ondenkbaar dat je dat zou doen, dat kon eigenlijk niet. Zo kritisch en iedereen bij naam noemen. Ik heb een naam opgebouwd door kritisch te zijn. Toen ik bij *Parbode* begon, schrokken mensen van wat ik durfde te schrijven", zegt Snijders.

_ Het 'Nu'
Volgens Snijders heeft het heel lang geduurd voordat journalisten weer vrijuit durfde te schrijven. "Het is nog niet perfect maar er zijn wel kritische journalisten zoals Ivan Cairo en Gerold Rozenblad van *de Ware Tijd*."

Ramcharan ziet ook een verbetering en vertelt dat de media niet per se meer afhankelijk zijn van de regering. "Vroeger was je nog niet zo ver om te zeggen dat als de regering niet meewerkt er wel een andere weg te vinden was. Nu zorgen we ervoor dat we altijd verschijnen."

Alfaisie zegt dat de mentaliteit van dagblad *De West* sinds de jaren '80 niet meer is veranderd. "Natuurlijk waren we onder de indruk van dingen die er zijn gebeurd. Maar je stelt je strategieën bij en de filosofie van de krant, wat betreft democratie en vrijheid van meningsuiting, is nooit veranderd." Het dagblad kampt nog met verschillende problemen, maar probeert de ware essentie van de journalistiek hoog te houden. Op de redactie hangt dan ook een foto van het vernielde bord van dagblad *De West* uit de jaren '80, om de journalisten te herinneren dat ze ergens voor vechten en al een lange weg zijn gekomen.

Ook Ivan Cairo ziet een verbetering in de journalistiek. "Ik heb de indruk dat de pers kritischer is geworden en dat burgers openlijker hun mening durven te ventileren. Dat vind ik een heel positieve ontwikkeling." Toch zijn veel journalisten het eens dat de journalistiek in Suriname nog een lange weg te gaan heeft. Al helemaal als het gaat om het informeren van het volk. "De burgers krijgen nog steeds geen volledige transparante informatie door. Nee, dat sowieso niet", zegt Snijders.

_ Decembermoorden

Zoals hiervoor beschreven heeft huidig president Desi Bouterse een donker verleden wat betreft persvrijheid. Op 8 december 1982 werden vijftien tegenstanders van het regime, waarvan vijf journalisten, doodgeschoten. Deze gebeurtenissen hebben een enorme invloed gehad op de Surinaamse journalistiek tot op de dag van vandaag. "Als je kijkt naar de journalistiek dan leeft het in ons allemaal." In de praktijk betekent dit dat er over bepaalde onderwerpen en gebeurtenissen gewoon niet geschreven wordt. "Als je als journalist een kritische vraag aan Bouterse stelt op een persconferentie dan neem ik aan dat daar gevolgen aan vast zitten voor jou als journalist. Het wordt gewoon niet gedaan, journalisten zijn enorm voorzichtig" bevestigt een anonieme bron.

De generatie journalisten die deze gebeurtenissen daadwerkelijk heeft meegemaakt, kijkt anders tegen de gebeurtenissen aan dan journalisten die later zijn geboren. Maar ook zij houden er rekening mee. "We hebben er van gehoord, we hebben erover gelezen. Die angst gaat niet zomaar verdwijnen", laat journalist en presentatrice van het Jeugdjournaal, Soelami Kemble-Starke weten.

Er is nog geen volwassen journalistiek aanwezig in Suriname. De angst en voorzichtigheid zorgt voor een grote mate van zelfcensuur, schrijft journalist en Suriname expert Diederik Samwel. Ook Ramcharan ziet het soms terug bij journalisten: "Angst werkt verlammend op het functioneren van journalisten. Maar ik heb zelf geen angst om mijn werk te doen." Een aantal journalisten geeft aan zelfcensuur toe te passen vanwege angst door de jaren '80.

Ondanks de negatieve effecten op de journalistiek zorgen de Decembermoorden ook voor extra gemotiveerde journalisten. Ramcharan is hiervan een voorbeeld. Zoals eerder genoemd, is haar toenmalig verloofde, Leslie Rahman, slachtoffer geworden van de Decembermoorden. "Het feit dat Leslie het leven is ontnomen om het vrije woord, is de reden dat ik voor dit vak heb gekozen. Ik zet zijn werk voort." Hierbij probeert ze zich niet te laten leiden door emoties: "Ik wil aantonen dat iemand vermoorden geen enkele zin heeft, want anderen zullen altijd opstaan om het werk voort te zetten."

In 2007 kwam er een rechtszaak tegen de moorden met als hoofdverdachte Desi Bouterse. Desondanks werd Desi Bouterse in 2010 democratisch verkozen tot President van Suriname. In 2012 voerden de partijleden van Desi Bouterse de Amnestiewet in. Deze wet beschermt de president tegen een gevangenisstraf voor zijn mogelijke betrokkenheid bij de Decembermoorden. De status van de Amnestiewet was lange tijd onduidelijk. Sinds de aanvaarding proberen nabestaanden op alle mogelijke manieren de verdachten toch vervolgd te krijgen.

In juni 2016 werd de omstreden Amnestiewet die door het Surinaamse parlement was aangenomen, als niet rechtsgeldig verklaard door de Krijgsraad. De president van de Krijgsraad vindt dat de wet ingrijpt in een lopend proces. De wet had gecheckt moeten worden op rechtsgeldigheid door een constitutioneel hof. Zo'n hof bestaat echter niet in Suriname en de oprichting daarvan is niet op korte termijn te verwachten. Hierdoor heeft de militaire rechter besloten dat het proces over de Decembermoorden moet worden hervat en de vervolging van president Desi Bouterse voor zijn betrokkenheid bij de Decembermoorden moet doorgaan. Dit zou op 30 juni 2016 plaatsvinden, maar ging uiteindelijk niet door.

President Bouterse deed er na deze uitspraak alles aan om het proces tegen te houden. Zo ontvingen diverse mediabedrijven op 18 juni 2016 een mail met daarin een communiqué van 'de Commissie Desi Bouterse'. Hierin stond (letterlijk) het volgende:

Wij, Commissie Desi Bouterse (CDB), hebben de afgelopen dagen berichtgeving tegen en voor de Rechtelijke macht bekeken en geanalyseerd.

Wij hebben ook de beginselen van Trias Politica doorgenomen en komen tot de conclusie dat:

1. De scheiding der machten enigszins aan het vervagen is.

2. De rechtelijke macht zich thans heeft ingelaten met zaken die de Wetgevende macht regraderen

3. De publieke opinie die thans erg verdeeld is over punt 1 en 2

Komen tot de conclusie dat gezien het bovenstaande het van wijsheid zou getuigen het pad van confrontatie te vermijden en de in de grondwet genoemde artikelen naar letter en geest te bejegenen, alsook mee te nemen de gevoelens van een groot deel van de bevolking evenals die stemmers die op de NDP gestemd hebben.

Dat wij, Commissie Desi Bouterse, van oordeel zijn dat uiteindelijk Suriname en de Surinamers er baat bij hebben dat er rust is in de gemeenschap zodat het land op een richtte wijzen naar grotere hoogten kan worden gebracht.

Alle andere zaken houden ons af van het gestelde doel, Suriname te maken tot een Paradijs.

De Commissie Desi Bouterse

Ook deed Bouterse, op dinsdag 21 juni 2016 in de Nationale Assemblee, verontrustende uitspraken over de 'constitutionele crisis'.

"Er zijn krachten die willen aansturen op chaos. We zien wat er in de media gebeurt. We zien wat voor berichten er worden gemaakt: 'De regering heeft traangas laten importeren', 'De regering heeft rubberen kogels laten importeren', 'De regering heeft noemt u maar op'. Alle pogingen om tot ordeverstoring te komen, gaan we heel tactisch aanpakken. We halen alle zuurstof weg om de brand, welke men wil doen laten ontstaan, te temperen. Deze aanval is niet eenvoudig. Het zal aan ons allen liggen om dit verstoord evenwicht in lands belang, weer in balans te krijgen."

Hiermee bevestigt Bouterse zijn mening over dat de Krijgsraad zijn bevoegdheden te buiten is gegaan door de Amnestiewet niet van toepassing te laten zijn.

Daarnaast dachten de oppositiepartijen in Suriname dat president Bouterse wilde aansturen op een noodtoestand. Na gesprekken met de president gingen er alarmbellen rinkelen bij de partijen en kregen ze het gevoel dat er een 'onheilspellend pad' betreden werd. "Bouterse en zijn mensen zijn alles aan het doen om hem in het zadel te houden. Ze gebruiken alle middelen in het wettelijk kader, dat ze flink aan het uitrekken zijn, om hem te beschermen", vertelt Iwan Brave, hoofdredacteur van *de Ware Tijd*, aan de *NOS*.

Op 30 juni 2016 schort de Krijgsraad het proces tegen president Bouterse en de andere verdachten van de Decembermoorden op. Bouterse blokkeert het moordproces door zich te beroepen op een nog nooit eerder gebruikt grondwetsartikel. Grondwetartikel 148 schrijft voor dat de president in het belang van staatsveiligheid in concrete gevallen de baas van het OM bevelen mag geven bij de vervolging van verdachten.

De Krijgsraad besluit op maandag 30 januari 2017 dat de rechtszaak toch door moet gaan en maakt bekend dat de strafeis tegen Desi Bouterse op 9 februari 2017 uitgesproken wordt. Op 9 februari 2017 besloot de Surinaamse Krijgsraad het proces over de Decembermoorden toch opnieuw uit te stellen. De president van de Krijgsraad nam dit besluit nadat het openbaar ministerie (OM) hoger beroep had aangetekend tegen het besluit om door te gaan met het proces over de Decembermoorden. De nieuwe datum van het uitspreken van de strafeis is momenteel nog onbekend.

"Aangezien het Decembermoorden proces nog steeds niet is afgesloten, is het moeilijk voor journalisten om het achter zich te laten", vertelt Kemble-Starke. Het feit dat het proces over de Decembermoorden weer uitgesteld is, betekent dat ook de herinnering aan de Decembermoorden nog lang niet zijn verdwenen uit de gedachten van journalisten. Dit werkt angst en voorzichtigheid in de hand en zorgt voor zelfcensuur.

JAAP HOOGENDAM:

"De Rechtbank durft politici niet aan te
pakken. Iemand die in een hoge positie
zit, moet niet worden aangevallen.
Dat zit in de cultuur"

Toen het opinieblad de
Paramaribo Post door *de Ware
Tijd* werd opgeheven, nam
Jaap Hoogendam in 2005 het
initiatief een nieuw blad op te
richten. Zodoende verscheen
in mei 2006 het eerste nummer
van *Parbode Magazine*. Inmiddels
bestaat het tijdschrift al ruim
tien jaar en staat het bekend als
kritisch en mondig. De redactie
probeert met zijn kritische
artikelen de maatschappij een
spiegel voor te houden. Dit
betekent echter wel dat ze te
kampen heeft met verschillende
belemmeringen zoals
rechtszaken wat betreft smaad,
laster en het beschadigen van
reputaties. Daarnaast is het
vinden van goede journalisten
soms lastig: ze hosselen
vaak bij voor *Lanti* of het
bedrijfsleven, en hierbij komt de
onafhankelijkheid in gevaar.

HOOFDSTUK 2 _ LEGAL FRAMEWORK

Op 31 mei 1865 werd persvrijheid voor de eerste keer vastgelegd in de
Surinaamse grondwet. In artikel 8 van hoofdstuk 1 van het regelement
op het beleid der regering in de kolonie Suriname werd dit recht als volgt
beschreven:

"*Niemand heeft voorafgaand verlof noodig om door de drukpers gedachten of
gevoelens te openbaren. De verantwoordelijkheid van schrijvers, uitgevers, drukkers en
verspreiders en de waarborger in het belang van de openbare orde en zedelijkheid tegen
het misbruik van de vrijheid van drukpers te nemen, worden geregeld bij koloniale
verordering. Bepalingen, waardoor de toelating in de kolonie van in Nederland gedrukte
stukken belemmerd wordt, behoeven bekrachtiging bij de wet.*"

Tijdens het militaire bewind in de jaren '80 veranderde er veel voor de pers.
In augustus 1980 werden het parlement en de grondwet buiten werking
gesteld. Volgens de militaire machthebbers was er van censuur geen sprake
maar de kritische journalisten kregen het te verduren. Na de ontbinding
van de grondwet kwamen er decreten in plaats van wetten. In artikel 8 van
decreet A-11 werd de persvrijheid erkend. Helaas bleef dit in de praktijk uit.
Veel journalisten werden fysiek of geestelijk mishandeld en geïntimideerd.
Meerdere mediahuizen kregen een uitzendings- of verschijningsverbod.

Op 30 april 1984 werd er met het ontwikkelen van een perscode een stap
in de goede richting gezet. Ondanks de beperkingen voor vrije meningsuiting
en persvrijheid is hiermee de eerste stap gezet naar de terugkeer van de
democratie. De mediahuizen die akkoord gingen met deze code mochten
weer verschijnen zoals *De West*, *Radio Apintie* en *Rapar*.

Op 25 november 1985 besloot Desi Bouterse samen met de originele
politieke partijen NPS, VHP en KTPI, die voor de militaire coup tot de drie
grootste partijen behoorden, dat de democratie terug moest keren. Er werd
besloten dat er binnen 27 maanden democratische verkiezingen moesten
komen en er een nieuwe grondwet moest worden opgesteld. In oktober 1987

werd bij referendum een nieuwe grondwet voor Suriname aangenomen. De invloed van het leger op de regering is na de verkiezingen echter nog duidelijk merkbaar. De vrijheid beperkende perscode bleef ook na de verkiezingen nog van kracht.

Na het tekenen van de vrede in 1992 kreeg toenmalig president Ronald Venetiaan het in 1993 voor elkaar om de controlebevoegdheden van het leger op de burgerregering ongedaan te maken en daarnaast stuurde hij bevelhebber Desi Bouterse naar huis. Dit deed hij door middel van het wijzigen van een aantal artikelen van de, door velen ondergewaardeerde, grondwet van 1987.

Persvrijheid staat op dit moment nog steeds vastgelegd in de Surinaamse grondwet. In artikel 19 van hoofdstuk 5 *Grondrechten persoonlijke rechten en vrijheden* staat dit als volgt beschreven:

"Een ieder heeft het recht om door de drukpers of andere communicatiemiddelen zijn gedachten of gevoelens te openbaren en zijn mening te uiten, behoudens ieders verantwoordelijkheid volgens de wet."

Er is echter geen Wet Openbaar Bestuur (WOB) aanwezig in Suriname. Deze wet regelt het recht op toegang tot overheidsinformatie. Een WOB is een van de basisvoorwaarden van een democratie en de sleutel tot het uitvoeren van journalistiek. Hierbij kan de journalist achterhalen wat de belangen van politici zijn bij het tot stand komen van grote infrastructurele aspecten of politieke afspraken. "Er zijn meer mogelijkheden om corruptie in een land, de manier waarop er zaken wordt gedaan en de manier waarop de overheid functioneert voor te leggen aan de burgers. Op deze manier ontstaat er een goed evenwicht tussen de rol van de overheid en de journalistiek en worden de machtsverhoudingen stabieler", verklaart Thomas Bruning, algemeen secretaris van de Nederlandse Vereniging van Journalisten (NvJ). Wilfred Leeuwin, voorzitter van de Surinaamse Vereniging van Journalisten (SvJ), is het hiermee eens: "We hebben geen WOB. Wat mij betreft is dat een vereiste."

Journalisten in Suriname willen dan ook meer transparantie vanuit de overheid en volgens hen heeft de afwezigheid van een WOB negatieve invloed op de journalistieke vrijheid. "Het is erg moeilijk om aan informatie te komen. In elk democratisch land moet deze wet aanwezig zijn maar hier loop je tegen een blinde muur op. En daardoor is het voor de media heel moeilijk om informatie los te krijgen", vertelt journalist Armand Snijders. Ook journalist Ivan Cairo benadrukt het belang van de wet: "Alle serieuze journalisten hebben er last van dat er nog geen WOB is. De overheid voelt zich namelijk niet verplicht informatie aan journalisten te verstrekken wanneer daar om gevraagd wordt. De WOB zou zeker een grote ommekeer brengen in de journalistiek in Suriname."

Louis Alfaisie, voormalig adjunct-hoofdredacteur van de krant *De West*, zegt dat er door journalisten al heel lang naar wordt gevraagd. Vaak hebben ze extra tijd nodig om de juiste informatie te bemachtigen. "We hebben zes dagen lang 24 uur per dag moeten werken om aan de juiste informatie te komen." Tijdens een schietpartij in Paramaribo Noord in november 2015 kwamen er twee overvallers om het leven en belandden er vijf, waaronder twee politieagenten in het ziekenhuis. Er waren geruchten over de betrokkenheid van Romano Meriba, pleegzoon van president Desi Bouterse. Alfaisie vertelt dat er een groot contrast was tussen de informatie die de politie verspreidde en wat de journalisten van de krant zelf hadden waargenomen. "Ik ben blij dat er journalisten aanwezig waren op dat moment en we niet afhankelijk waren van de halve berichten die de politie verspreidde." Maar volgens hem hebben kritische berichten soms geen effect. "Het moment dat je niet hetzelfde zegt als de overheid, gaan de burgers er bijna direct vanuit dat de krant nonsens schrijft", legt Alfaisie geïrriteerd uit. Volgens hem komt dit omdat verschillende media een verlengstuk van de overheid zijn en kunnen de journalisten niet als betrouwbaar worden gezien door het volk. "Kritische kranten worden hierdoor vaak bestempeld als roddelpers en leugenaars. Op deze manier kan de journalistiek niet vooruitgaan."

Nita Ramcharan vindt het ook niet altijd makkelijk om journalistiek te bedrijven, omdat er simpelweg toegang moet zijn tot informatie. "We hebben geen WOB, dus je kan mensen ook niet dwingen om vragen te beantwoorden." Zij neemt als voorbeeld de bauxietsector: Het bedrijf Alcoa stopt na 99 jaar alle productieactiviteiten van dochtermaatschappij Suralco in de bauxietsector. "Ik vind het heel erg dat de regering en het assemblee achter gesloten deuren gaan praten over zulke belangrijke zaken. En wat er bij mij niet in kan is dat het assemblee voor openheid moet staan. Heel Suriname wil weten wat er gaat gebeuren na zo'n lange tijd."

Wel is het duidelijk dat journalisten sceptisch zijn over de mogelijke invloed van een eventuele WOB. "Het is geen toverwoord. Niet alles zal meteen gaan veranderen. Het is wel een gereedschap, maar journalisten moeten er dan ook echt gebruik van gaan maken en dat is weer een heel ander verhaal", zegt Alfaisie. Volgens hem moet de bescherming van klokkenluiders dan ook goed geregeld zijn. "Mensen die informatie over de overheid blootstellen moeten morgen niet vermist raken."

Snijders maakt zich meer zorgen over de snelheid van de rechtbank. "Al zou je hier een WOB hebben, dan gaat het toch niet zoveel verschil maken. Als we naar de rechtbank mogen stappen, komt de zaak over driekwart jaar pas een keer voor, dan is het nieuws dat je wil hebben al oud nieuws." Ramcharan kan zich hierin vinden "Veel assembleeleden schrijven brieven naar de regering en krijgen nooit antwoord. Als er een wet komt, moet er wel een deadline gesteld worden waarop bijvoorbeeld een dwangsom wordt gezet. Alleen dan zou de wet in de praktijk veel uitmaken."

Jaap Hoogendam, uitgever van *Parbode Magazine*, is minder terughoudend, maar denkt dat een WOB pas over tien tot vijftien jaar effect zou kunnen hebben. "Het zal betekenen dat we makkelijker ons werk kunnen doen, maar het heeft wel tijd nodig."

_ Rechtszaken

Verschillende journalisten zijn het slachtoffer geworden van censuur. Met een beroep op willekeurige en vage wetgeving werden publicaties van hen geschrapt. Door dit soort acties ontstaat een algemeen klimaat van angst en zelfcensuur. Daarnaast is volgens hen de wetgeving omtrent laster en smaad te vaag geformuleerd, waardoor deze wet te vrij kan worden geïnterpreteerd. Journalisten geven dan ook aan dat zij aanklachten op (valse of ongegronde) beschuldiging van obsceniteit, blasfemie en openbaarmaking van staatsgeheimen hebben meegemaakt. Daarnaast hebben enkele journalisten behoefte aan garantie op het beschermen van bronnen vanuit de overheid. "In Suriname riskeren journalisten strafrechtelijke vervolging voor publicaties die beledigend uitvallen voor hoge politieke ambtsdragers", vertelt een anonieme bron.

Veel media praten op dit moment mee met de politiek uit angst voor consequenties. Maar de media die zich wel kritisch opstellen, worden meteen voor de rechtbank gezet. "Op deze manier geef je de media op zijn minst gezegd geen duwtje in de rug om zich onafhankelijk op te stellen en de kwaliteit van de inhoud te verbeteren", betoogt Snijders.

Alfaisie vertelt dat de overheid heel veel rechtszaken tegen kranten aanspant. Volgens hem is de overheid hierin een trendzetter en zit het ook echt in de cultuur. Naast het feit dat het veel geld en tijd kost, is het ook slecht voor de ontwikkeling van de journalistiek: het beïnvloedt de bewegingsvrijheid van journalisten en de potentiële motivatie voor zelfcensuur. "Vooral beginnende journalisten kunnen goed afgeschrikt worden door een rechtszaak. Zelf als er alleen dreiging is en de zaken niet eens doorgaan", aldus de journalist.

Hij vertelt over een zaak die tegen de krant werd aangespannen door een minister, wiens naam niet wordt genoemd, over informatie in een artikel dat door verschillende media was gepubliceerd. Alfaisie legt uit dat zij als enige zijn aangeklaagd, terwijl de krant niet de primeur had. "Ze proberen ons te sarren. Het idee alleen al dat het een wapen is tegen journalisten is verkeerd. Dat is al een hele tijd zo, het is Surinaams." Af en toe proberen instellingen ook invloed uit te oefenen op toekomstige berichtgeving via rechtszaken. Zo werd *De West* bijvoorbeeld aangeklaagd door de toenmalige voorzitter van de Deviezencommissie. De voorzitter spande een rechtszaak aan naar aanleiding van een column en won deze. "Hij probeerde echter bij de rechter gedaan te krijgen dat wij nooit meer mochten schrijven over de instelling", vertelt Alfaisie.

Eind 2013 waren er ook plotseling erg veel rechtszaken tegen *Parbode Magazine*. Twee daarvan zijn om onbegrijpelijke redenen verloren. Andere rechtszaken lopen op dit moment nog steeds. Deze zaken kosten naast veel tijd, die er al weinig is voor redacteuren, ook de goede naam van mediabedrijven of journalisten. "Op deze manier denkt de journalist de volgende keer drie keer na of hij dat kritische stuk wel wil publiceren", vertelt correspondent Pieter van Maele.

Een voorbeeld van een recente rechtszaak tegen *Parbode* omvatte een interview met Noreen Cheung (NDP). Hierin werd geschreven dat Cheung nog steeds twijfels had over de Amnestiewet. Haar precieze uitspraak in het desbetreffende artikel was: "Ik weet altijd nog niet hoe ik erover denk." De journalist in kwestie werd woedend en scheldend door haar opgebeld na publicatie. Daarna was het stil en kwam er plotseling een dagvaarding aan op de redactie, waarin Cheung een rectificatie eiste. De politica had het interview stiekem opgenomen met haar telefoon en hier vervolgens passages uit gewist. Haar opname duurde drie kwartier en de originele opname een uur en tien minuten. Dat is vervalsen van bewijsmateriaal en daar staat vijf jaar gevangenisstraf op in Suriname. "Cheung komt niet meer terug op de kieslijst van de NDP en daar zoekt ze een zondebok voor. Dat zijn wij", laat Van Maele weten. Cheung zegt ook dat *Parbode* haar portretrecht heeft geschonden door zonder toestemming foto's van haar te maken op het plein van De Nationale Assemblee. "Als ik op voorhand had geweten dat het zo zou aflopen had ik haar echt niet geïnterviewd", aldus Van Maele.

Toenmalig hoofdredacteur Snijders reageerde fel: "Uw ernstige en beledigende beschuldigingen, naar mijn mening een parlementariër onwaardig, zijn volledig misplaatst en ongefundeerd en hebben vooral naar de bewuste journalist toe veel weg van smaad."

Cheung was het al eerder niet eens met de publicaties van *Parbode*, maar heeft toen geen rechtszaak aangespannen. Het interview waar ze *Parbode* over aanklaagde heeft ze zelf aangevraagd. Volgens haar had *Parbode* nog 'iets goed te maken'.

Van Maele maakt zich meer zorgen over de journalistiek dan over de rechtszaak. "Het gaat alleen om een rectificatie. Maar als ik word veroordeeld om deze belachelijke reden dan vraag ik me af met welke journalistiek ik me nog bezig kan houden. Dan mag ik alleen nog maar schrijven over iemand die daar zelf mee akkoord gaat en het hele artikel moet goedkeuren, dan is het einde zoek", liet hij toen der tijd weten. Er loopt ook nog een rechtszaak tegen *Parbode* over voormalig minister Abrahams. Als *Parbode* die rechtszaak verliest en een enorme schadevergoeding moet betalen weet je niet wat er allemaal kan gebeuren. "Ik maak me zorgen om de invloed van de rechtszaken op mediahuizen."

De rechtszaak is uiteindelijk gewonnen door het opinieblad, maar het was wel spannend, in Suriname is veel hiërarchie. Een parlementslid wordt hier heel snel geloofd en dat maakt de journalisten onzeker.

"Het is voor ons heel erg aftasten hoe ver je kan gaan als journalist", vertelt Snijders. De tijd dat de ene na de andere deurwaarder bij *Parbode* aanklopte, was volgens hem wel toeval. "Maar het heeft er ook mee te maken dat men niet gewend is aan kritische journalistiek." Het blad publiceerde een artikel over corruptie in verband met voormalig minister Abrahams en werd aangeklaagd. Deze zaak is ruim drie jaar later nog steeds gaande. "We hebben anonieme bronnen gebruikt en dat is echt even de grens opzoeken. We denken dat we het gaan verliezen, maar dat is een ander verhaal." Snijders legt uit dat het rechtstelsel is verweven met de politiek. "Als je de 'verkeerde' rechter treft, kan je het schudden."

Hoogendam denkt dat het probleem bij de rechtbank dieper zit. "De rechtbank durft politici niet aan te pakken. Dit komt omdat ze benoemd worden door de overheid." Volgens hem richtten zij zich op bromfietsdieven in plaats van corrupte mensen uit de elite. Hij vertelt dat er ontzettend veel aanwijzingen waren wat betreft de corruptie van Abrahams. "In Nederland zou het OM direct actie ondernemen na het publiceren van zo een soort artikel.' In Suriname gebeurt dit niet. "Dat is een hele kwalijke zaak: de grote jongens die miljoenen binnenslepen dankzij corrupte zaken", zegt hij adequaat. "Dat is slecht voor het land."

Het blad is momenteel in hoger beroep wat betreft een artikel over de moord op Henry van Ommeren, een elite-persoon uit Suriname. Voor dit artikel zijn 43 bronnen gebruikt, maar alsnog won het blad de zaak niet direct. Volgens de uitgever komt dit omdat ze in Suriname streng zijn op het gebied van reputatie beschadigen. "In Suriname is het wat ouderwetser. Iemand die in een hoge positie zit, moet niet zo worden aangevallen.

Dat zit in de cultuur, overblijfselen van de koloniale tijd misschien." Ook Snijders herkent dit: "De meeste rechtszaken betreffen publicaties over elite-personen of politici."

Hoogendam vindt rechtszaken vervelend maar zegt de meeste verder te winnen. Daarnaast heeft het blad al jaren geen advocaat meer, Hoogendam doet de verdediging meestal zelf. "De aanklachten gaan grotendeels over smaad, laster en het beschadigen van reputaties. Gelukkig kost het meer tijd dan geld." Hij zegt wel eens een rechtszaak gehad te hebben waarbij ze zelf dom waren geweest en let sindsdien extra goed op. "Soms zijn het maar een aantal woorden die aangepast moeten worden. Uit respect voor wie dan ook." Iemand beschuldigen of kritiek leveren moet wel onderzocht worden en onderbouwd zijn door middel van hoor en wederhoor. "Ik zeg het ook tegen de redactie: Laat een artikel bij twijfel altijd even aan mij of een jurist lezen."

Ook Iwan Brave, hoofdredacteur van de krant de Ware Tijd, zegt regelmatig geconfronteerd te worden met boze mensen die een rectificatie willen, maar vindt dit niet gek als hij de inhoud van de krant af en toe bekijkt. "Soms praat ik mezelf er echt onderuit, terwijl ik weet dat mijn journalisten helemaal fout zitten. En dan denk ik echt: 'Potverdomme, hoe is het mogelijk?'" Wat dat betreft vindt hij het aantal rechtszaken wonderbaarlijk weinig. "Ik vind juist dat er meer naar de rechter moet worden gestapt, in plaats van mensen te intimideren."

Cairo, werd aangeklaagd na het publiceren van een artikel over een ondernemer die een strafklacht tegen assembleelid Mahinder Jogi had ingediend. Jogi spande vervolgens een zaak aan tegen de ondernemer, die toen een schadevergoeding moest betalen. "Ik werd door de rechter veroordeeld om in de krant mijn verontschuldigingen aan de ondernemer aan te bieden. De rechter oordeelde dat, indien ik geen nieuwsartikel had gewijd aan de aangifte, Jogi geen rechtszaak zou hebben aangespannen tegen de ondernemer. Dit heeft mij er echter nimmer van weerhouden om over bepaalde zaken te schrijven. Ik laat me niet bang maken of intimideren. Rechtszaken zie ik als risico van het vak, niet iedereen zal blij zijn met wat je schrijft."

Het werkelijk functioneren van een goede pers heeft ook grote verbintenis met economische onafhankelijkheid en politieke vrijheid, maar evenzeer met een onafhankelijkheid die bij de journalisten zelf geregeld moet zijn. Dat kan niet altijd in de wet geregeld worden en daar zou de rol van een journalistenvereniging erg belangrijk zijn.

ARMAND SNIJDERS:

"Ik heb een naam opgebouwd door kritisch te zijn. Toen ik bij *Parbode* begon, schrokken mensen van wat ik durfde te schrijven"

In mei 1993 verhuisde Armand Snijders naar Paramaribo en heeft zichzelf sindsdien geprofileerd als bevlogen en kritische journalist in het Surinaamse medialandschap. In de nadagen van de dictatuur en de binnenlandse oorlog werd zijn mondige houding niet altijd op prijs gesteld, en heeft hij veel te verduren gehad. Maar een pistool tegen zijn hoofd en een gebroken sleutelbeen weerhield de ambitieuze journalist niet van het schrijven van scherpe artikelen. Na twee keer voor een jaar naar Curaçao te zijn vertrokken, in 1996 en 2002, besloot hij beide keren terug te verhuizen naar Paramaribo. Simpelweg omdat hij met zijn werk in Suriname impact maakt en hij daar wat kan betekenen. Dat is voor hem het allerbelangrijkste.

HOOFDSTUK 3 _ POLITIEKE VRIJHEID

Vaak zijn grondwettelijk alle of veel vrijheden voor journalisten vastgelegd, maar worden er politiek gesproken nog steeds journalisten vervolgd, bedreigd, geïntimideerd of erger. Het goed wettelijk regelen is een ding, maar het naleven daarvan en het praktisch kunnen uitoefenen van dat recht is iets heel anders.

In Suriname is de persvrijheid (bijna) altijd vastgelegd geweest in de Surinaamse grondwet en/of zogeheten decreten. Dit betekent echter niet dat dit ook in de praktijk het geval is. De geschiedenis laat zien dat ondanks dat er officieel persvrijheid in het land was, het in het werkveld daarentegen ver te zoeken was. Hieruit kunnen we concluderen dat ondanks dat de persvrijheid staat vastgelegd in de huidige grondwet van Suriname, dit niet per se iets zegt over de mate van persvrijheid in de huidige praktijk. Op dit moment is er redelijke persvrijheid in Suriname maar heerst en nog steeds een klimaat waar de overheid een bepaalde invloed heeft op de mediawereld. De pers heeft een afwachtende houding en er wordt propaganda bedreven door de regering. Dit gebeurt onder andere door het wegkopen van journalisten voor radio- en televisieprogramma's waarin de overheid wordt bejubeld. Er worden persstiltes ingevoerd, kritische journalisten worden niet uitgenodigd op persconferenties of niet te woord gestaan. Af en toe wordt er iemand op de vingers getikt na scherpe berichtgeving en soms wordt er een uitzending stopgezet.

_ Indexen

Suriname staat in de persvrijheid indexen van Reporters Without Borders en Freedom House redelijk goed in de rangschikking. In het verslag van 2016 staat Suriname in de lijst van Reporters Without Borders op nummer 22 (*partly free*) en in de lijst van Freedom House krijgt het land een score van 77 (*free*) van de 100.

In 2014 zakte Suriname in de index van Freedom House vier plekken omlaag en was daarmee de grootste numerieke verschuiving van de regio in de lijst. Volgens de organisatie kwam dit door gebrek aan uitvoering van de grondwettelijke garanties en de wetten ter bescherming van de persvrijheid, het toegenomen gebruik van de smaadwetgeving tegen journalisten en preferentiële distributie van reclame door de overheid. Leon Willems, directeur van freedom-of-speech organisatie Free Press Unlimited, herkent dat. "In steeds meer landen worden journalisten voor het gerecht gesleept wegens smaad. Dit kan gebeuren als er kritiek wordt geuit op het staatshoofd of soortgelijke gevoelige onderwerpen, maar het wordt ook ingezet door het bedrijfsleven." Er is dan wel wetgeving op het gebied van de persvrijheid maar tegelijkertijd is smaadwetgeving aanwezig.

Free Press Unlimited implementeert projecten om informatie naar de burgers te brengen. Suriname is een land waarbij er een stijgende lijn te zien is en het een stuk minder slecht gaat qua persvrijheid, maar waar nog steeds veel moet gebeuren volgens de organisatie. "Het is dan ook belangrijk om het weefsel van de media zo divers mogelijk te maken en bijvoorbeeld stem te geven aan kinderen en ervoor zorgen dat er meer vrouwen participeren in de media", laat directeur Willems weten.

Volgens Wilfred Leeuwin, journalist en voorzitter van de Surinaamse vereniging van Journalisten (SvJ), ligt het probleem in Suriname niet aan de persvrijheid maar aan de kwaliteit van de journalistiek. "Suriname heeft vanuit de jaren '80 een slechte reputatie als het gaat om persvrijheid. Maar wat betreft persvrijheid zien we dat de lijn stijgende is." Wanneer journalisten hun werk goed uitvoeren, zal alles volgens hem op zijn plek vallen.

Pieter van Maele, correspondent en journalist in Suriname, is het daar niet mee eens. Suriname staat goed op de persvrijheid rangschikking omdat er een soort censuur plaatsvindt die niet gemeten kan worden. Deze censuur treedt al op voordat er daadwerkelijk iets gebeurt. "Suriname verdient de plek niet op de lijst die ze altijd krijgen." Journalist en Suriname expert Diederik Samwel is het hiermee eens: "Het ligt veel genuanceerder in Suriname. De pers neemt een afwachtende houding aan."

Veel van de journalisten geven dan ook aan geen volledige persvrijheid te ervaren tijdens het werken als journalist in Suriname. De grootste oorzaken hiervoor zijn volgens de verslaggevers: invloed vanuit de politiek, zelfcensuur, corruptie en de kleine samenleving.

_ Propaganda

De regering-Bouterse gaat op een bepaalde manier om met de pers. Officieel wordt de media niets in de weg gelegd. Maar in de praktijk gebruikt de regering verschillende manieren om de informatie onder controle te houden. Eén daarvan is het voeren van propaganda. Doordat Surinaamse journalisten vrij terughoudend zijn is dit makkelijk te verwezenlijken. Zij publiceren liever een genuanceerd artikel dan een kritisch verhaal. Dit omdat de journalisten met verschillende zaken rekening moeten houden tijdens het werk, waarin eigenbelang ook een grote rol speelt.

Nadat Bouterse in 2010 tot president van het land werd verkozen, zijn er ongeveer zeventien journalisten weggekocht bij redacties door de overheid. "Het is opmerkelijk dat er veel journalisten zijn overgestapt sinds president Bouterse is herkozen. Hierbij verplaatsen journalisten zich van *the newsroom to the state office*", vertelt Leeuwin. Samwel schrijft in verschillende artikelen dat de regering op deze manier minder last heeft van kritische mediawerkers en daarnaast genoeg medewerkers in dienst heeft om de pers te bedienen. Een kwart van de geïnterviewde journalisten bevestigt dit. Ze geven aan dat de overheid veel bezig is om actieve propaganda te verspreiden en dat dit onder andere gebeurt door middel van het wegkopen van goede journalisten of journalisten die schrijven wat hun wordt opgedragen. Het hogere salaris is aantrekkelijk voor journalisten en hierdoor is er weinig objectieve nieuwsgaring mogelijk. "Het ontbreekt aan voldoende echte reporters met principes. De journalisten laten zich makkelijk wegkopen en verkopen halve waarheden. Wiens brood men eet, wiens woord men spreekt", laat een anonieme journalist weten.

Daarnaast worden er programma's gemaakt waarin de overheid wordt bejubeld zoals onder andere het radioprogramma *Bakana tori* (achter het nieuws) van Cliff Limburg. Limburg, in de volksmond Limbo genoemd, stond bekend als heel kritisch, een van de betere journalisten. Hij had tijdens de regering Venetiaan een kritisch programma over justitie en is nu de woordvoerder van Desi Bouterse. In onder andere *Bakana Tori* wordt er uitgebreid aandacht besteed aan de zegeningen van het kabinet-Bouterse en worden politici uit Den Haag afgebrand. "Veel journalisten waren al die tijd dus voor de Nationale Democratische Partij (NDP). Het publiek is behoorlijk voor de gek gehouden door mensen die stiekem partijpolitiek hebben bedreven", zegt journalist Nita Ramcharan fel.

Daarnaast schrijft onder andere Samwel dat de overheid informatie verspreidt via de staatszenders SRS (radio) en STVS (televisie). "Vaak worden deze vormen van propaganda aangekleed als journalistiek en is het erg moeilijk voor de burgers om het onderscheid te maken", vertellen meerdere anonieme journalisten. Aangezien er veel positieve berichten worden gebracht verdwijnt een artikel met een kritische noot snel tussen de vele propaganda. Bovendien wordt het vaak gezien als onterechte kritiek. Het 'nieuws' wordt door vele burgers voor waar aangenomen. Ramcharan legt uit dat veel mensen dol zijn op de president en de mensen van de Nationaal Democratische Partij (NDP). "Ze zijn dan niet meer kritisch."

"Dit komt ook omdat het kritisch vermogen bij velen ontbreekt door slecht onderwijs. De kritische stem verdwijnt onder een zondvloed van positieve berichten", aldus een journalist die graag anoniem wil blijven. Ook Armand Snijders, journalist en voormalig hoofdredacteur van *Parbode Magazine*, benadrukt de propaganda. En dan vooral op de radio en televisie. "Ik schrik soms echt van wat er af en toe op de televisie wordt uitgezonden. We hebben het er al jaren over, maar er gebeurt vrij weinig mee."

De persconferenties die Bouterse geeft worden meestal rechtstreeks uitgezonden op de televisie. Je mag als verslaggever een vraag stellen, als er meer vragen zijn moeten er aparte afspraken worden gemaakt met een minister. De wekelijkse persconferenties van ministers zijn in 2012 afgeschaft, omdat ministers gevoelige vragen niet wilden beantwoorden, terwijl journalisten democratische beginselen behandelden. Ook wordt er gebruik gemaakt van het invoeren van persstiltes, als de regering overleg voert met verschillende partijen.

_ Verkiezingen

Louis Alfaisie, voormalig adjunct-hoofdredacteur van *De West* ziet een groot verschil in het bedrijven van journalistiek voor en na de verkiezingen. "Politici waren voor de verkiezingen duidelijk in propaganda-modus. Nu zijn ze weer terug in hun ivoren toren. Je krijgt ministers gewoon niet meer te pakken."

Ook viel het journalist Ivan Cairo op dat politici – oppositie en coalitie – tijdens de verkiezingen toeschietelijker zijn naar de pers toe. "Zo kunnen ze makkelijk hun ei kwijt in de media om kiezers te bereiken."

Snijders merkte vooral dat een hoop media niet kritisch waren over Bouterse in de aanloop naar de verkiezingen van mei 2015. "Er moet een optelsom worden gemaakt en in beeld worden gebracht wat Bouterse precies heeft gepresteerd en vooral wat niet. Dat gebeurt te weinig."

Ramcharan ziet ook een groot verschil tussen de periode tijdens de verkiezingen en daarna. "Er werd de indruk gewekt dat het heel goed ging met Suriname, maar na de verkiezingen blijkt dat er geen geld meer is en dat het helemaal niet goed gaat. Mensen worden zo voor de gek gehouden", aldus Ramcharan.

"Dat verklaart ook een beetje het succes van Bouterse. Het lukt ze aardig om het volk dom te houden. Hij kan leugens en klinkklare onzin verkopen", zegt Snijders. Vlak voor de verkiezingen kwamen de geruchten de wereld in dat de schatkist van Suriname leeg was. "Dan geeft Bouterse een persconferentie en het is gewoon knap hoe hij het doet. Hij weet het zo te draaien dat ik zelfs een beetje tot rust ben, even los van het feit dat ik hem niet geloof. Het is echt knap hoe hij het weet te brengen, hij is een demagoog."

_ Censuur

Ondanks dat Suriname een geschiedenis kent van actieve censuur, is de samenleving inmiddels een stuk verbeterd. Een klein groepje journalisten zegt zich dan ook nooit beperkt te voelen door het handhaven van censuur. Daarentegen zegt een groot aantal journalisten af en toe last te hebben van censuur. Dit geeft aan dat het nog wel degelijk voorkomt in de Surinaamse samenleving.

Meerdere geïnterviewden beamen dat President Bouterse een slecht imago heeft als het gaat om persvrijheid. Bouterse staat erom bekend dat er tijdens zijn regime journalisten zijn gedood, mediahuizen zijn weggeschoten en sensoren zijn ingezet op verschillende redacties. "Dat was in de jaren '80, nu is dat echt niet meer zo", zegt Leeuwin. "Door het verleden van Bouterse worden veel voorvallen enorm uitvergroot. Maar of dat erg is? Ik denk van niet. Dat betekent dat hij goed in de gaten wordt gehouden." Onder de regering-Bouterse en Venetiaan gebeurt ongeveer hetzelfde qua actieve censuur. Het verschil tussen President Bouterse en Venetiaan ligt, volgens veel journalisten, in de communicatieve vaardigheden. Wat het zwaktepunt was van voormalig president Venetiaan is de kracht van president Bouterse. Bouterse houdt zich veel meer bezig met imagovorming. Hij zet in op beeldvorming en denkt na over hoe hij op televisie komt. "Daar haalt hij zijn populariteit en dus zijn stemmen vandaan. Ik ga er van uit dat Bouterse invloed op de pers wil blijven uitoefenen om een goed imago en een goede beeldvorming te kweken", zegt aan anonieme bron.

Ongeveer de helft van de geïnterviewde journalisten geeft aan het verbieden van uitzendingen en publicaties meegemaakt te hebben. Een voorval is het bedreigen van de adjunct-hoofdredacteur van *The Times of Suriname*. Hij kreeg bezoek van Melvin Linscheer, hoofd beveiliging in de regering. Linscheer vertelde hem te stoppen met het schrijven van kritische artikelen. "Dat is een voorbeeld van actieve censuur."

Ook kwam er censuur voor in het programma *Suriname Vandaag*, waarbij de inhoud van het programma werd veranderd, vertelt Leeuwin. "De informatie is aan de kijker onttrokken."

Een ander voorbeeld is het stopzetten van een item over de herdenking van de Decembermoorden bij *het Surinaams Jeugdjournaal* op 9 december 2013. Toen Soelami Kemble-Starke, presentatrice van *het Jeugdjournaal*, het item over de herdenking van de Decembermoorden aankondigde, werd het beeld zwart. "We waren er niet blij mee en zijn meteen naar de STVS geweest om mevrouw Lackin om verduidelijking te vragen." Hennah Draaibaar, hoofdredactrice van het Surinaams Jeugdjournaal, zegt dat je je er als vrije pers nooit bij mag neerleggen als je monddood wordt gemaakt. "Dit raakte ons recht op vrije meningsuiting en het recht dat kinderen in Suriname hebben op onafhankelijke informatie", aldus de hoofdredactrice van het programma. Kemble-Starke zegt dat de STVS aangaf dat er een fout was gemaakt, maar dat er geen sprake was van censuur. "Het item was niet 'gescand' voordat het in de uitzending kwam." De SvJ vindt dit geen beknotting van de persvrijheid, omdat het item de volgende dag opnieuw is uitgezonden. "Het programma was uit de lucht gehaald omdat er onduidelijkheid was over de inhoud ervan. Elk medium heeft een screeningsunit", vertelt voorzitter Leeuwin.

De Nederlandse Vereniging van Journalisten (NvJ) laat weten dat er geen voorafgaand verlof nodig is om iets uit te zenden. "Screening is altijd de eindverantwoordelijkheid van een onafhankelijke redactie. Het kan nooit zo zijn dat iemand anders dan een journalist een oordeel velt over het wel of niet uitzenden. De eindbeslissing ligt altijd aan de journalistieke kant", vertelt NvJ-secretaris Thomas Bruning. Daarnaast zegt het Jeugdjournaal volledige zeggenschap te hebben over wat er wordt uitgezonden en daar geen goedkeuring voor nodig te hebben. De volgende dag heeft het Jeugdjournaal het item dan ook nogmaals uitgezonden en meteen de uitzending aan persvrijheid gewijd. "Je moet de kinderen laten weten wat er aan de hand is", zegt Kemble-Starke beslist.

Volgens Kemble-Starke laat dit zien dat censuur en intimidatie vooral worden toegepast bij politieke items. Over het algemeen hebben ze bij het Jeugdjournaal nooit last van dit soort praktijken. Ook al is het een zwaar onderwerp, ze moeten het zo verteerbaar mogelijk maken voor kinderen. De mate van censuur ligt dus zeker aan de doelgroep en aan de onderwerpen. "Uit dit voorval kan je concluderen dat de regering niet wil dat kinderen leren over de Decembermoorden."

Snijders vertelt dat Limburg, perschef van Bouterse, een flinke vinger in de pap heeft bij de STVS. Volgens hem wordt de eindredactie van de staatstelevisie ingezet door de desbetreffende regering. "Toen Venetiaan president werd, werden daar ook mensen neergezet. Er was toen erg veel invloed vanuit de politiek."

Een journalist, werkzaam bij de STVS, die graag anoniem wil blijven beschrijft een aantal voorbeelden waarin hij werd beknot in zijn persvrijheid. Zo ook toen er een item werd gemaakt waarbij de president aanwezig was. "Hij was een beetje uit zijn slof geschoten. Toen werd er tegen de cameraman gezegd dat we het niet mochten uitzenden. Ik heb toen gezegd dat hij daar niet over ging en dat ik het wel ging brengen. Onderweg naar huis werden we gebeld dat we de chip met de beelden moesten komen brengen." Vervolgens berichtte een ander medium over het incident en werd de chip snel teruggegeven. "Toen ik naar het materiaal keek, zag ik dat ze er in hadden gewerkt en er beelden waren gewist."

_ Invloed mediadirecteuren

Naast de overheid passen verschillende mediabedrijven ook censuur toe. Ramcharan is bij verschillende media, waaronder *de Ware Tijd* en *Times of Suriname*, vertrokken en uiteindelijk een eigen bedrijf gestart: *Starnieuws*. "De voornaamste reden voor vertrek was onvoldoende ruimte om journalistiek te bedrijven, los van persoonlijke belangen van de eigenaar." Dezelfde reden gold voor haar vertrek bij het programma *Suriname Vandaag* van de STVS. "Uiteindelijk willen de eigenaren een vinger in de pap en bepalen wat de journalistieke inhoud moet zijn. Dat is voor mij onacceptabel."

Journalist Seshma Bissesar benadrukt de invloed van mediaeigenaren. Volgens haar ligt heel Suriname overhoop maar worden er geen kritische analyses of kritische berichten gepubliceerd. "Maar ook als een journalist wel kritisch zou willen schrijven moet men rekening houden met de mediadirecteur en daar zit je klem."

Ook een journalist bij de STVS vertelt dat berichten vaak herschreven worden door de eindredactie. Deze eindredactie wordt aangestuurd vanuit het kabinet van de president. "Mijn item werd vijf keer herschreven. Toen heb ik gezegd dat het mijn bericht niet meer was, en dat ze ermee mochten doen wat ze wilden. De eindredactie is er altijd en daardoor weet je nooit of wat je maakt ook daadwerkelijk op die manier wordt uitgezonden."

_ Intimidatie

De Surinaamse overheid beïnvloedt berichtgeving op een subtiele manier. Hoewel ongeveer de helft van de gesproken journalisten nooit bedreigd is, geeft een aantal journalisten aan zich regelmatig bedreigd te voelen. Dit gebeurt vaak na het plaatsen van kritische berichten: "Journalisten krijgen een telefoontje of een bezoek op de redactie met de boodschap dat soort artikelen niet meer te plaatsen", vertelt een Surinaamse journalist.

Alfaisie kreeg vaak een telefoontje na een scherp artikel bij De West. Maar hij vertelt ook over bronnen die informatie terug willen trekken. "Op zo'n moment denk ik dat ze bang zijn gemaakt door de overheid." Er werd op de redactie een artikel geschreven over een aannemersvereniging. "De overheid heeft tijdens de regering Bouterse-1 miljoenen schulden opgebouwd bij aannemers voor infrastructurele projecten. Een van onze reporters heeft een artikel gemaakt over de globale omvang van de schuld. Kort daarna belde de voorzitter terug met het verzoek het bericht niet te plaatsen. Ik denk dat hij bang was dat hij na publicatie nog langer op zijn geld moest wachten", vertelt de voormalig adjunct-hoofdredacteur van het dagblad.

Ook Parbode Magazine ontving vanuit de NDP een vriendelijk verzoek om een interview met een kritisch afvallige partijgenoot niet te plaatsen. De partij stuurde een afgezant die een leuk aanbod deed in ruil voor het niet plaatsen van het interview. "De collega die het interview had afgenomen en ik hadden een paar jaar een sabbatical kunnen nemen met het bedrag dat werd aangeboden. En er werd zelfs grond toegezegd voor onze kinderen, iets van duizend hectare of zo. Maar we hebben het uiteraard toch gepubliceerd", vertelt Snijders.

Het gaat soms zo ver dat er bij dagblad De West zelfs brand is gesticht om bewijsmateriaal te verwijderen. De brand werd vroeg geblust door de hoofdredacteur. De verdachte bleek een actief dienende militair te zijn maar die is nooit veroordeeld voor de brandstichting.

"In landen zoals Suriname wordt er veel druk uitgeoefend op journalisten om vooral de machthebbers niet kritisch te beschrijven. Een slechte politieke vrijheid heeft tot gevolg dat heel veel mensen het vak verlaten. Dit omdat ze worden tegengewerkt en geen carrière kunnen maken. Familie wordt onder druk gezet of ze worden monddood gemaakt. Je ziet dat er internationaal maar weinig politieke wil bestaat om deze situatie te verbeteren. Dat leidt er toe dat mensen voorzichtiger worden en niet gaan opschrijven wat ze willen of het vak verlaten", vertelt Willems.

Eerder genoemde Linscheer, hoofd beveiliging bij de regering, intimideerde zo ook een hoofdredacteur die uiteindelijk bij het desbetreffende medium is vertrokken. Het begon met opmerkingen zoals 'Pas op met wat u allemaal schrijft' maar eindigde met bedreigingen via de familie. "Dat werd hem teveel", vertelt een anonieme bron.

De overheid heeft volgens sommige uitgevers de gewoonte om journalisten of kranten te straffen voor publicaties die hun niet zinnen. Dit doen zij door bijvoorbeeld overheidsadvertenties te ontzeggen, abonnementen op de krant van ministeries stop te zetten, geen persberichten meer aan de redactie toe te sturen of individuele verslaggevers niet meer uit te nodigen voor persconferenties, vertelt uitgever Findlay van *De West*, die relatief veel last heeft van zulke sancties. Pierkhan van *Dagblad Suriname* vult dat aan: "Wil je niet gechanteerd worden, dan moet je als krant ook zonder de overheid kunnen draaien."

Dagblad Suriname berichtte bijvoorbeeld over hoge salarissen van stafleden bij het kabinet Bouterse. Een telefoontje van de kabinetschef is dan genoeg reden voor een rectificatie. Bij *Times of Suriname* kwamen er doodsbedreigingen binnen op de redactie toen zij verslag deden over de stille protesttocht tegen de Amnestiewet, schrijft Samwel in een artikel.
Er is in die zin geen sprake van ernstige onderdrukking maar eerder van subtiele ondermijning. Vicepresident Robert Ameerali voert bijvoorbeeld regelmatig een persstilte in als er overleg wordt gevoerd met organisaties en vakbonden.

Alfaisie legt uit dat journalisten van *De West* zelfs geregeld niet worden uitgenodigd voor persconferenties en andere officiële activiteiten van de regering, en daardoor vaak het nieuws alleen indirect kunnen verslaan. "Soms laten ze blijken dat we niet welkom zijn en soms doen ze alsof het een vergissing is. Maar het is geen incident. Het groeit uit tot een cultuur, waarbij politieke machthebbers de macht in handen willen houden." Tijdens regering Bouterse-1 mochten we een hele tijd niet op het kabinet van de president in het perscentrum komen. Ook tijdens de regering Venetiaan hadden we last van dit soort praktijken.

Ook *Parbode Magazine* ontvangt geen uitnodigingen. "Als we gaan schoppen ze ons niet weg, maar uitgenodigd worden we zelden tot nooit", zegt voormalig hoofdredacteur Snijders. Vaak leest de redactie pas achteraf dat er een persconferentie is geweest. "Erg vinden we het niet. We moeten dan toch alleen maar positieve berichten publiceren en veel media doen dat ook zonder door te vragen."

Veel journalisten vertellen dat het hen vaak lastig wordt gemaakt om informanten te spreken of documentatie in te zien. "Er is nog te vaak de cultuur om alleen met de journalisten te praten die aardig over de overheid schrijven. De kritische journalist wordt vermeden", vertelt een anonieme journalist. Volgens Van Maele ligt dit onder andere aan de politieke gekleurdheid van de kranten. "President Venetiaan had een club journalisten waar hij mee sprak en die worden nu geweigerd."

In mei 2015 organiseerde *Parbode Magazine* een debat waaraan de Nationale Democratische Partij (NDP), de partij van Bouterse, niet meedeed. Ze lieten een journalist op de redactie weten van hogerhand de opdracht hebben gekregen niet mee te doen, omdat het werd uitgezonden via *ABC live*. Het argument was dat *ABC Radio* de spotjes van de NDP weigerde uit te zenden. Henk Kamperveen, zoon van André Kamperveen, voormalig eigenaar van radiostation ABC en een van de vijftien slachtoffers van de Decembermoorden, liet weten dat de NDP nog nooit spotjes aangeboden heeft aan het radiostation en dat het daarnaast geen reden is om niet mee te doen met het debat.

ABC Radio, heropgezet door Johnny Kamperveen, liet de stem van Bouterse jarenlang niet horen op de radio. Toen Bouterse opnieuw president werd, besloot Henk Kamperveen alleen het noodzakelijke te laten horen.

De bedreigingen die ervoor zorgen dat journalisten zich voorzichtig en terughoudend opstellen, laten duidelijk zien dat de huidige democratische regering het monddood maken van journalisten die de machthebbers kritisch in de gaten houden en beschrijven nog altijd accepteert.

Ramcharan benadrukt dat de democratie niet sterk genoeg is voor dit soort intimidaties en het achterhouden van informatie. "Ondanks het feit dat we alle wetten hebben die de democratie stimuleren, zit het in de cultuur." Ze legt uit dat een journalist veel minder kan doen als alles achter gesloten deuren gebeurt. "Het is moeilijk, maar het is wel een uitdaging. Er moet een goede journalistieke cultuur komen en op die manier gaan we het verbeteren."

IWAN BRAVE:

"Media hebben financieel gezien niet zoveel
slagkracht, dus moet je het van passie hebben.
Als dat ontbreekt kiezen journalisten al snel voor
het geld, dat hebben ze hier gewoon nodig."

Iwan Brave, hoofdredacteur van Surinaamse krant *de Ware Tijd*, begon al jong met hobby-schrijven. Nadat hij het onderwerp was van een artikel over jongeren en uitgaan in *het NRC Handelsblad*, wilde hij zelf ook verhalen vertellen over de jeugd. Zo volgde zijn debuut voor *de Volkskrant*. In 1996 remigreerde Brave naar Suriname en schreef hierover columns voor diezelfde krant, waarvan een bundel uitkwam: *Enkele reis Paramaribo*.

Tegenwoordig beijvert hij zich voor betere kwaliteit van journalistiek. Brave hekelt de algehele vervlakking van de journalistiek, maar wil zich specifiek inzetten voor Suriname en daar de duidende journalistiek helpen kweken. Dit probeert hij sinds 2015 te verwezenlijken bij *de Ware Tijd*. Echter ontbreekt, naar eigen zeggen, de juiste journalistieke cultuur en is er nog een lange weg te gaan.

HOOFDSTUK 4 _ ECONOMISCHE VRIJHEID

Is het Surinaamse medialandschap in staat haar journalisten zodanig vrij te stellen via de salariëring voor hun werk, zodat zij niet in de verleiding komen om grote omkoperij te accepteren en gaan opschrijven wat de machthebbers of het bedrijfsleven wil? Het antwoord daarop is duidelijk nee. Het feit dat journalisten in Suriname slecht betaald worden heeft een directe invloed op de persvrijheid.

Evenals juridische bescherming niet per se politieke vrijheid in de praktijk garandeert, trekt de wet een goede of redelijke politieke vrijheid daarnaast niet vanzelfsprekend door naar een economische bescherming. "Journalisten zitten in die situatie misschien niet gevangen, maar het kan wel betekenen dat zij hun baan verliezen als zij kritiek uiten op het regime of het bedrijfsleven", legt Thomas Bruning, algemeen secretaris van de Nederlandse Vereniging van Journalisten (NvJ) uit. Een slechte economische situatie leidt ertoe dat journalisten in opdracht gaan schrijven, in plaats van onafhankelijk. "Als de media of het medialandschap economisch niet daadkrachtig is en zichzelf niet in leven kan houden, heeft dit een directe consequentie op de vrijheid die journalisten nemen om op te schrijven wat ze willen", voegt Leon Willems, directeur van *Free Press Unlimited* toe. Volgens Bruning is een hoge mate van zelfcensuur en weinig of geen onafhankelijkheid hiervan het gevolg. Twee dingen zijn hierbij belangrijk: een medium dat de onafhankelijkheid goed verankerd heeft en pluriformiteit: als een journalist wordt ontslagen kan hij of zij bij een ander medium aan de slag.

Slechte salariëring voor journalisten is dan ook een groot probleem in Suriname. Een Surinaamse journalist verdient ongeveer 600 euro per maand. Een groot deel van de journalisten vindt dat te laag in vergelijking met de hoeveelheid werk dat er wordt verricht. "Het is zwaar. We worden niet goed betaald. Gelukkig kan ik door overwerken vaak wel rondkomen", laat een anonieme bron weten. Volgens haar is het voor freelancers weer ingewikkelder. "Ik heb in ieder geval een vast inkomen."

_ Bijklussen

Vanwege de lage salarissen klussen journalisten vaak bij voor
opdrachtgevers die ze op een ander moment juist kritisch moeten volgen.
Ze presenteren een evenement, werken als voorlichter of spreken een
reclame in. "Een hoop journalisten doen veel ander werk naast hun
journalistieke baan om rond te komen. Het is belangrijk om te begrijpen
dat deze mensen vaak geen andere optie hebben. Maar er wordt vaak niet
nagedacht over de consequenties die bijklussen met zich meebrengt", laat
een anonieme bron weten. Zelf zegt zij geen bijbaan te hebben. "Ik doe
het omdat ik dan objectiever kan blijven tijdens mijn journalistieke werk.
Ik zit in goede omstandigheden omdat ik een coach heb." Volgens haar is
het belangrijk dat iedereen die in het journalistieke vak werkt een coach
of mentor heeft. Volgens journalist Ivan Cairo kunnen journalisten die
bijklussen zich niet volledig geven aan het journalistieke werk. "Hierdoor
is de verslaggeving vaak oppervlakkig en eenzijdig."

Armand Snijders, voormalig hoofdredacteur van *Parbode Magazine*, is
er nog steeds niet uit hoe Surinaamse journalisten rondkomen. "Als ik
zie wat sommige journalisten verdienen, vraag ik me vaak af hoe ze dat
redden. Maar dat is iets wat ik na 24 jaar nog steeds niet begrijp." Volgens
hem hebben de meeste mediabedrijven zoals *de Ware Tijd* geld zat, maar
is er een gebrek aan waardering voor journalisten. "Ik denk dat het al zal
helpen als alle journalisten een vast salaris krijgen, dan gaan ze wat harder
lopen."

Volgens Iwan Brave, hoofdredacteur van *de Ware Tijd*, is *de Ware Tijd* een van
de beter betalende bedrijven van Suriname. "Als er een discussie gaande is
over een verhoging van het salaris, is het vrij simpel: wij willen eerst betere
kwaliteit." Wel is hij terughoudend met de uitspraak dat mensen zich niet
inzetten. "Ik kan wel meer kwaliteit nodig hebben, maar veel werknemers
hebben wel een oprechte inzet en werken voor hun doen heel hard."

Veel journalisten geven aan dat als zij een hoger salaris zouden
ontvangen ze sterker in hun schoenen zouden staan en er minder
behoefte aan zouden hebben om bij te klussen. "Door het bijklussen
krijgen bepaalde journalisten een politieke kleur en worden ze

afhankelijk. Daarnaast worden zij als journalist minder geloofwaardig voor het publiek", zegt Wilfred Leeuwin, voorzitter van de Surinaamse Vereniging van Journalisten (SvJ).

_ Hobbyisme

Volgens Brave zijn veel journalisten per toeval het vak in gerold. "Aangezien media financieel gezien niet zoveel slagkracht hebben, moet je het echt van passie hebben. Als dat ontbreekt kiezen journalisten al snel voor het geld, dat hebben ze gewoon nodig." Volgens meerdere geïnterviewden is de Surinaamse journalistiek dan ook een soort van hobbyisme en beginnen veel mensen aan de opleiding terwijl ze nooit journalist willen worden. "Ze willen grotendeels allemaal voorlichter bij de overheid worden. Daar word je goed betaald, krijg je een ziektekostenverzekering en bouw je pensioen op", vertelt Snijders. Maar hij benadrukt dat er zeker ook studenten zijn die het wel kunnen. "Ik had een goede stagiaire die erg gemotiveerd was, maar ben haar helaas vanwege een geldkwestie kwijtgeraakt."

Deze redacteuren worden makkelijk weggekaapt door de overheid. "De goede journalisten leven een karig bestaan totdat ze uit de kolommen worden gewerkt en ze voor een megasalaris omgekocht worden voor een andere baan", zegt Willems. "Je voelt het gewoon niet in je zak, waardoor de verleiding voor journalisten groter is om voor de overheid of een ander bedrijf te gaan werken", vertelt journalist Seshma Bissesar.

Brave beaamt dit. "Menig journalist is overgestapt naar de voorlichtingskant, ze gaan makkelijk van de ene naar de andere kant. Er zijn ook journalisten die verschillend werk combineren. De media zijn simpelweg niet de best betalende bedrijven, dus mensen hebben gewoon geld nodig."

Ook worden journalisten omgekocht met geld of materiële zaken om te stoppen met werken, laat een anonieme bron weten. "Ik dacht een interview te hebben met een van de ministers die ik al langere tijd aan de tand wilde voelen. Toen ik arriveerde op de afgesproken plaats trof ik iets anders aan dan ik had verwacht. Drie mannen kwamen mij vertellen te stoppen met schrijven en boden mij in ruil daarvoor een dure auto aan. Hoe geïntimideerd ik ook was, ik heb het aanbod afgewezen. Ik laat me niet omkopen." Veel talentvolle journalisten die zich kritisch opstellen krijgen een positie als voorlichter bij de overheid 'aangeboden'. Hun salaris is daar een veelvoud van hun salaris als journalist. Als journalist moet je erg stevig in je schoenen staan en principes hebben om zo'n salaris af te slaan. Dit zorgt op zijn beurt weer voor onderbemanning op redacties. "De adjunct-hoofdredacteur van een krant in Suriname weet op dit moment echt niet meer waar hij zijn redacteuren vandaan moet halen" vertelt journalist Pieter van Maele.

Doordat er een structureel tekort is op redacties wordt iedereen makkelijk aangenomen. "Ondanks dat deze 'journalisten' zware professionele fouten maken, blijven ze aanwezig. Simpelweg omdat de pagina's gevuld moeten worden. Deze situatie heeft dus logischerwijs weer een negatief effect op de kwaliteit van de journalistiek in Paramaribo", aldus Van Maele.

Op de redacties zijn ook journalisten actief die worden betaald door de partij van Desi Bouterse. "Ik ken een aantal journalisten, werkzaam bij de Ware Tijd, die bepaalde informatie publiceren in ruil voor geld", laat een anonieme bron weten. Soelami Kemble-Starke, werkzaam bij het Surinaams Jeugdjournaal, vertelt vaak te horen over journalisten die propaganda verspreiden vanwege een politieke afspraak. Bij het Jeugdjournaal gebeurt dit volgens haar niet, omdat de organisatie nergens aan gebonden is en op die manier onafhankelijker kan zijn.

_ Advertenties

Tot slot heeft de Surinaamse overheid een enorme invloed op de media via het wel of niet gunnen van advertenties. Volgens Willems is dat manipulatie. De kranten de Ware Tijd en Times of Suriname publiceerde lange tijd tweewekelijks het katern De Overheid bij hun krant. "Voor deze kranten is het plaatsen van deze advertentiebijlage een vaste bron van inkomsten en worden zij als het ware 'beloond' voor het publiceren van bepaalde informatie", vertelt journalist en Suriname expert Diederik Samwel.

Volgens Snijders worden media ook geboycot door bedrijven als er kritisch wordt geschreven. "Wij lagen vroeger in de VIP room van de *Surinaamse Luchtvaart Maatschappij* (SLM). Nadat ik een artikel publiceerde dat het financieel slecht ging bij SLM, was dat klaar en werd er niet meer geadverteerd", aldus Snijders. "Vooral van de kop 'Going down, going down!' zagen ze de humor niet in." Toen journalist Nita Ramcharan hoofdredacteur was van *De Times of Suriname* waren de advertentie-inkomsten niet best. "De eigenaar van de krant, Dilip Sardjoe, heeft toen een redactiestatuut opgezet om invloed uit te oefenen op de inhoud van de krant en zo de advertenties weer omhoog te krijgen."

Louis Alfaisie, voormalig adjunct-hoofdredacteur van *De West* zag dit ook gebeuren bij het dagblad. Volgens hem hebben de grote adverteerders invloed op de inhoud van de krant. "Als je iets geks schrijft wat invloed heeft op een bedrijf dat adverteert in de krant of als de grote adverteerders iets in de krant willen en het wordt niet geplaatst, dan worden er geen advertenties meer aangeboden." Aangezien de media grotendeels draaien op basis van het geld dat binnenkomt van advertenties is dit een lastige kwestie voor journalisten. "Het voelt een beetje als een mes op de keel", aldus Alfaisie. Alfaisie benadrukt ook de rol van de overheid. Volgens hem moet de overheid nog genoeg openstaande declaraties aan kranten betalen. Maar als het ministerie daarop wordt geattendeerd, worden de advertenties voor langere tijd ingetrokken. Aangezien de overheid nog altijd te grootste adverteerder is bij veel media, blijven de media enorm afhankelijk van de overheid. "Het doel van de overheid is het toepassen van zelfcensuur door journalisten. Als er een negatief bericht in omloop is over de overheid, nemen sommige journalisten het niet mee, omdat ze bang zijn hun geld niet te krijgen. Op deze manier heeft de overheid een enorme macht op journalisten via advertenties", laat Alfaisie weten.

Dit is een van de oorzaken van zelfcensuur in de Surinaamse journalistiek. Bepaalde onderwerpen worden overgeslagen omdat het hen simpelweg hun brood kan kosten. "Het is voor journalisten van eigen belang

om bepaalde onderwerpen niet te behandelen", vertelt Van Maele.
Volgens Van Maele kan dit probleem niet alleen opgelost worden door hogere salarissen aan te bieden. Hij betoogt dat er te veel media zijn op een kleine plek. Daardoor kunnen mensen amper samenwerken en is de concurrentie onderling heel groot. "Als er drie televisiestations zouden zijn in plaats van acht blijft er diversiteit aanwezig, maar krijg je grotere redacties. De advertentie-inkomsten kunnen op deze manier stijgen en redacties kunnen betere salarissen uitbetalen." Zo krijgen journalisten de kans om langer aan een artikel te werken en is er ruimte om te leren. "Als je minder kranten hebt met grotere redacties, maak je journalisten onafhankelijk van de overheid en zullen ze minder economische belangen hebben om over te stappen. Daar ligt de sleutel naar de oplossing van zelfcensuur en propaganda", aldus Van Maele.

LOUIS ALFAISIE:

"Politici waren voor de verkiezingen duidelijk in propaganda-modus. Nu zijn ze weer terug in hun ivoren toren. Je krijgt ministers gewoon niet meer te pakken"

Louis Alfaisie begon zijn carrière in de rechtszaal en ontdekte een groot gat van informatie tussen de rechtbank en de media. Alfaisie vroeg zich af hoeveel informatie de burgers ontberen over andere onderwerpen in de maatschappij en raakte geïnspireerd om journalist te worden. Hij is lange tijd adjunct-hoofdredacteur bij de krant De West geweest en was daar dagelijks bezig met journalistiek. De redactie van De West werd tijdens de staatsgreep in februari 1980 belaagd met granaten nadat de krant het gedrag van de militairen 'muiterij' had genoemd. Dit is lang voelbaar geweest op de redactie. Intussen is de krant ver gekomen, maar moet vandaag de dag nog steeds tegen verschillende bedreigingen opboksen.

HOOFDSTUK 5 _ OVERIGE FACTOREN

De drie internationale factoren *legal framework, politieke vrijheid* en *economische vrijheid* die de mate van persvrijheid en de beweegruimte van journalisten bepalen, zijn niet de enige aspecten waarmee Surinaamse journalisten dagelijks te maken krijgen.

"De samenleving is klein en ons-kent-ons. Bronnen zijn niet altijd bereidwillig om mee te werken of alleen anoniem. De status van een journalist is niet hoog in Suriname en ze worden slecht betaald. Deze zaken zijn eveneens van belang bij het begrip persvrijheid", begint Robert Alting, journalist bij o.a. *Het Parool* en *Parbode Magazine*. Wat deze overige factoren precies betekenen voor de persvrijheid in Suriname, lees je in dit hoofdstuk.

_ Zelfcensuur

Zelfcensuur is een bijzondere vorm van censuur. Hierbij censureert de journalist een bepaald deel of volledige delen van zijn of haar werk. Deze vorm van censuur is een van de grootste problemen in de Surinaamse journalistiek. Zelfcensuur is een gevolg van onder andere druk vanuit de overheid, het bedrijfsleven en hoofdredacties. Daarnaast speelt de kleine samenleving hierbij een grote rol. Dit zorgt op zijn beurt voor een afwachtende en voorzichtige houding van de pers en creëert een journalistieke omgeving waarin er over bepaalde onderwerpen minder of niet geschreven wordt. Dit fenomeen valt moeilijk te meten, omdat het een soort censuur is, die al optreedt voordat er werkelijk iets hoeft te gebeuren. Veel journalisten zien zelfcensuur als een van de grootste problemen en bedreigingen van persvrijheid in Paramaribo.

"Ik denk niet dat het voor alle Surinaamse journalisten geldt, maar sommige binden wel in omdat ze bang zijn voor de gevolgen. Maar het blijft altijd moeilijk aan te tonen", zegt Armand Snijders, journalist en voormalig hoofdredacteur van *Parbode Magazine* en tegenwoordig werkzaam als nieuwsmanager bij het dagblad *de Ware Tijd*.

Meer dan de helft van de geïnterviewde journalisten zegt ooit wel eens gevoelige informatie niet gepubliceerd te hebben, terwijl daar wel de mogelijkheid toe was. Redenen hiervoor waren angst vanwege de jaren '80, nare ervaringen na het publiceren van gevoelige informatie, de kleine samenleving, mogelijke consequenties vanuit het regime, het verliezen of in gevaar brengen van bronnen en geen goedkeuring van de leidinggevenden. Daarnaast wordt zelfcensuur als iets gezien wat je moet doen als journalist om jezelf in stand te houden. Er zijn persoonlijke belangen bij betrokken. Het is een groot risico om kritisch te schrijven.

Steven van Frederikslust, werkzaam bij *Radio 10*, legt uit dat als een journalist zijn tanden in een gevoelig onderwerp zet, hij dreigtelefoontjes kan verwachten. President Bouterse draagt een verleden van onderdrukking en censuur met zich mee, en dat zit bij veel journalisten in zijn of haar achterhoofd. Deze angst maakt het moeilijk om persvrijheid in Suriname te meten. "Als je als journalist een kritische vraag aan Bouterse stelt op een persconferentie dan neem ik aan dat daar gevolgen voor jou aan vast zullen zitten als journalist. Maar je kan het niet meten omdat je niet weet of het echt zal gebeuren", vertelt een anonieme bron.

Louis Alfaisie, voormalig adjunct-hoofdredacteur van *De West*, zegt zelfcensuur geen vies woord te vinden. "Ik denk dat elk medium en elke journalist op basis van verschillende aspecten keuzes moeten maken. Het moet alleen niet te gortig worden. Journalisten moeten geen berichten achterhouden omdat ze bang zijn dat er wordt geschoten, of omdat ze bang zijn dat ze niet meer worden uitgenodigd voor persconferenties en de toegang hen zelfs geweigerd zal worden."

Volgens Van Frederikslust zijn Surinamers van nature ook niet erg kritisch. Respect voor elkaar is iets wat heel erg overheerst in de Surinaamse cultuur. Dit kan ervoor zorgen dat een journalist de ene week ergens voor staat, om dat de week daarop te weerleggen, schrijft journalist en Suriname expert Diederik Samwel. "Het is een hiërarchische samenleving waar de verhoudingen vastliggen. Als journalist ben je respectvol tegenover de president en ministers. Dat hoort hier gewoon zo", beaamt journalist Pieter van Maele. Volgens Samwel is het diepe respect voor autoriteit een kenmerk van lokale journalistiek. Bovendien stamt dit respect uit de koloniale tijd, toen de media alle informatie van gezagsdragers overnamen zonder er verder onderzoek naar te doen. Jaap Hoogendam, uitgever van *Parbode Magazine*, legde dit al eerder uit aan de hand van het juridische kader. Hierbij beschreef hij dat mensen in een hoge positie niet snel worden aangevallen: "Dat zit in de cultuur, overblijfselen van de koloniale tijd misschien", aldus Hoogendam.

Ons-kent-ons

De ons-kent-ons samenleving speelt ook een grote rol bij het toepassen van zelfcensuur. Er is naast angst om te schrijven over bepaalde onderwerpen, zoals de regering en drugs, een enorme druk vanuit de maatschappij. "Suriname is heel klein, iedereen kent elkaar. Daardoor gaat de zelfcensuur echt heel ver" zegt Van Maele. "Het valt gewoon op dat er over bepaalde onderwerpen heel weinig geschreven wordt." Enkele jaren terug was er een grote tank vol met cocaïne gevonden in Frankrijk, waarschijnlijk afkomstig uit Suriname. *De West* is de enige krant die het nieuws bracht. "Dat is gewoon te weinig met zulk groot nieuws", aldus Van Maele.

Iwan Brave, hoofdredacteur van *de Ware Tijd*, vindt het ook logisch dat een kleine gemeenschap de journalistiek moeilijk maakt. "Als jouw zoon bijvoorbeeld bij Staatsolie werkt en jij bent journalist. En je weet dat de Surinaamse cultuur rancuneus is, wat ga je dan doen?"

Journalist Ivan Cairo legt uit dat journalisten, door de ons-kent-ons omstandigheden, vaak bevriend zijn met mensen en organisaties over wie ze kritisch moeten schrijven. "Dit is een reden waardoor de verslaggeving inboet aan kwaliteit en objectiviteit."

"Als je zaken aan het licht brengt, kom je de besproken persoon later weer tegen in de kleine samenleving. Ik ben de enige journalist in het district en wil de dag na publicatie weer op straat kunnen lopen, daarom pas ik een mate van zelfcensuur toe. Ook om je bronnen niet te 'vermoorden'", vertelt een bron die graag anoniem wil blijven.

Journalist Nita Ramcharan ziet dit vaak om zich heen gebeuren. Veel media en journalisten geven openlijk toe dat ze aan zelfcensuur doen. Als je niet stevig in je schoenen staat als journalist ben je sneller geneigd om iets niet te publiceren, omdat je bijvoorbeeld bang bent dat je als journalist geen informatie meer gaat krijgen van de overheid, het bedrijfsleven of andere bronnen. Zelf is ze fel tegen zelfcensuur. "Als er harde bewijzen zijn, laat ik mij niet weerhouden door een bericht toch te publiceren, hoe goed ik de persoon ook ken. Ik stel me op als een professional die een vak uitoefent. Ik vind zelfcensuur erger dan censuur. Bij zelfcensuur wordt het publiek zand in de ogen gestrooid. Daar doe ik niet aan mee."

Het gebeurt ook dat journalisten onder een pseudoniem schrijven. Hierbij gebruikt de journalist een andere naam. "Ik ken er wel een paar die dat hebben gedaan of nog steeds doen. Vaak gaat het dan om gevoelige onderwerpen en verwacht de journalist in kwestie problemen te krijgen", vertelt Snijders. Hij legt uit dat als een journalist zich ergens kritisch over uitlaat, je al snel in de problemen komt met buren, vrienden of familie. "Dan kom je toch weer bij die kleine gemeenschap, het is een dorp."

_ Invloed redacties

Zelfcensuur komt niet alleen voort uit invloed van de politiek en ons-kent-ons. Vaak genoeg gooit de hoofdredactie roet in het eten en mogen bepaalde artikelen niet worden gepubliceerd. "Wat je wel of niet mag schrijven, hangt af van persoonlijke belangen maar ook van jouw opdrachtgevers en hun belangen", legt Ramcharan uit.

Zoals eerder beschreven is Ramcharan samen met Wilfred Leeuwin, journalist en voorzitter van de Surinaamse Vereniging van Journalisten (SvJ), bij verschillende mediahuizen opgestapt, omdat de eigenaren een vinger in de pap wilden op het gebied van de inhoud. "Ze wilden bij bepaalde onderwerpen gewoon te veel invloed. Toen zijn we weggegaan", zegt Leeuwin.

Toen Van Maele werkzaam was bij de Ware Tijd, was er soms sprake van invloed vanuit de hoofdredactie over wat er wel of niet geschreven mocht worden. Een voorbeeld: in 2010 waren er berichten in Jamaicaanse kranten over het bezoek van Bouterse aan de Verenigde Naties. Het gerucht ging dat hij niet was uitgenodigd op instigatie van Obama, vanwege zijn foute verleden. "Ik had gebeld naar de Amerikaanse ambassadeur in Paramaribo. Hij kon het gerucht niet bevestigen noch ontkennen. Toen werd er ineens op de redactie besloten dat we het nieuws helemaal niet gingen brengen." Dit kwam volgens de journalist ook omdat Bouterse net verkozen was tot president. "Iedereen was erg voorzichtig. Daarnaast was er ook veel anti-Bouterse sentiment geweest vanuit Nederland, dus Surinaamse trots speelde ook mee. Maar er was zeker sprake van zelfcensuur."

_ Onderwijs

Nog een belangrijke factor die de persvrijheid kan beïnvloeden is onderwijs. Hoe meer mensen zijn opgeleid, hoe groter de kans om persvrijheid mogelijk te maken en te behouden. Het is belangrijk om te investeren in de kwaliteit van de journalistiek en een goede journalistieke opleiding. Hierdoor krijgen journalisten journalistieke mores en weten ze zich beter staande te houden in de Surinaamse samenleving.

Het onderwijsniveau in Suriname is wat betreft de journalistiek verslechterd en dat is terug te zien in de kranten. De onderlinge concurrentie zorgt ervoor dat de kranten per dag veel redactioneel gevulde pagina's moeten brengen. Dit zorgt voor een hoge werkdruk. De combinatie van hoge werkdruk en geringe journalistieke scholing heeft invloed op de kwaliteit.

_ Academie voor Hoger Kunst en Cultuur

Er heerst grote onvrede over de journalistenopleiding op de Academie voor Hoger Kunst en Cultuur (AHKCO). Het niveau van de opleiding wordt als veel te laag ondervonden. "Er worden zelfs dt-fouten gemaakt. De basis van de journalistiek ontbreekt", vertelt Van Maele. Ook oud-studenten zijn niet tevreden: "Als ze mij vragen naar mijn ervaring met de opleiding dan raad ik het af. Het zijn allerlei verschillende vakken bij elkaar gegooid: journalistiek, voorlichting en public relations. Dus wat leer je nou eigenlijk? Ik heb pas in het werkveld geleerd wat journalistiek bedrijven precies inhoudt" vertelt journalist Soelami Kemble-Starke, werkzaam bij het Jeugdjournaal.

En andere student aan de AHKCO, die graag anoniem wil blijven, heeft het beroep ook pas in het werkveld geleerd. "De vakken zijn wel journalistiek georiënteerd, maar je leert alleen op theoretisch niveau en niet diepgaand. Daarnaast krijgen we totaal geen tips over hoe je in de praktijk aan de slag moet gaan. Je wordt gewoon niet gemotiveerd."

Volgens velen is de opleiding een grote bedreiging voor de journalistiek in Suriname en zal een goede opleiding ervoor kunnen zorgen dat de kwaliteit van de journalistiek naar een veel hoger niveau getild kan worden. Er zullen dan meer principes worden aangeleerd bij toekomstige journalisten, waardoor zij zich beter staande kunnen houden als de persvrijheid in het geding komt. Voorzitter van de SvJ, Leeuwin beaamt dit: "De opleiding voldoet van geen kanten. De kwaliteit van het journalistieke onderwijs is zeer slecht. Daar moet een drastische verandering in komen." Leeuwin laat weten dat de SvJ plannen heeft om een HBO/bachelor opleiding op te zetten, omdat een goede journalistieke academie heel gauw nodig is in zijn ogen.

De opleiding leidt volgens journalisten meer op tot Public Relations. "Veel studenten gaan na de opleiding in de voorlichting of PR werken. Voor hen is er geen verschil tussen PR en journalistiek", vertelt Leeuwin. "Een op de tien studenten die van de opleiding afkomt, wordt journalist. De rest PR-officer. Journalistiek wordt niet interessant gemaakt op de opleiding", vertelt een anonieme bron. Van Maele legt uit dat journalistiek eerder een hobbyisme is. "Iets wat je doet als je niks anders kan."

Ook Ramcharan ziet weinig belangstelling voor de journalistiek. Ze gaf een tijd les op de opleiding, maar is daarmee gestopt. "De cultuur van de opleiding is niet goed. Er is een gebrek aan middelen en de docenten zijn onvoldoende op elkaar afgestemd", laat ze weten. Ze gaf het vak onderzoekjournalistiek, maar zag dat de meeste studenten geen tijd hebben voor onderzoek. "Ze werken en 's avonds doen ze de opleiding. Daarnaast weten de meesten niet wat het vak eigenlijk inhoudt." Leeuwin heeft een aantal gastcolleges gegeven op de opleiding, maar is daar ook mee gestopt. "Het is verbazingwekkend om te zien hoeveel stof mensen missen in het derde leerjaar. De basis ontbreekt vaak al." Hoogendam ziet eveneens een desinteresse bij de stagiaires van de opleiding. "Ze willen bij de overheid werken en weten nauwelijks goed te schrijven. De opleiding is te schools en heel oppervlakkig."

Daarnaast vertelt Ramcharan dat er vier keer twee weken stage wordt gelopen bij verschillende media. "Hierdoor lopen stagiaires maar twee weken stage bij een medium. Dat is veel te weinig." Snijders kreeg bij *Parbode* vaak zulke slechte stagiaires dat ze met de AHKCO hebben besproken dat ze beter geselecteerd moeten worden. "In het begin zeiden we altijd ja, maar we besloten soms ook nee te zeggen als een gesprek echt niet goed ging. Sindsdien heeft de AHKCO ons geen nieuwe stagiaires aangeboden." Er werkt wel een freelancer uit het tweede jaar van de opleiding bij het blad. "We willen jongeren wel stimuleren en energie steken in mensen. Zolang er verbetering zichtbaar is dan is het de moeite waard. Er is natuurlijk ook een bepaalde drempel om stage te lopen bij ons."

Brave heeft eveneens geen hoge indruk van de AHKCO en zegt dat studenten beter drie maanden stage kunnen gaan lopen. "De opleiding levert geen goede journalisten af. Studenten moeten het vak helemaal opnieuw leren. Ik zou bijna het grapje maken dat als je solliciteert je beter niet kan zeggen dat je van de AHKCO komt." Brave heeft wel een aantal journalisten die van de school komen en genoeg talent hebben op de redactie bij *de Ware Tijd*. "Als die eenmaal in de praktijk aan de slag gaan, zie je dat ze het langzaamaan oppikken."

Volgens geïnterviewden is er een groot verschil te zien bij journalisten die in het buitenland hebben gestudeerd. Zij stellen dan ook voor dat de opleiding journalistiek en voorlichting uit elkaar worden gehaald en dat er stagemogelijkheden worden aangeboden naar landen waar de persvrijheid hoog in het vaandel staat.

_ Surinaamse Vereniging van Journalisten

Het doel van de Surinaamse Vereniging van journalisten (SvJ) is het behartigen van de belangen van de journalistiek. Er is één keer in de maand een vergadering en er zijn ongeveer vijftig journalisten lid, waarvan er vijfentwintig tot dertig actief lid zijn. De vereniging is lid van the Association of Caribbean Mediaworkers (ACM) en handhaaft de ethische principes en codes, afgestemd op Surinaamse maatstaven. De vereniging is een individuele journalistenorganisatie met als gemeenschappelijk streven het bevorderen van de journalistiek en de persvrijheid. De organisatie wil dit verwezenlijken door onder andere het geven van trainingen, lezingen en debatten over het werk. Helaas vinden deze slechts sporadisch plaats. Daarnaast is de opkomst bij deze trainingen slecht en zitten de lezingen en debatten nauwelijks vol.

Online is er weinig te vinden over de vereniging. Er is geen website waarop archieven of journalistieke codes en regels staan beschreven. Wel heeft de organisatie een Facebook-account. Hierop is echter, naast een korte beschrijving over de doelstelling van de organisatie, niets te vinden. Volgens Thomas Bruning, algemeen secretaris van de Nederlandse Vereniging van Journalisten (NvJ), is communicatie juist de life-line en essentie van een vereniging. "Als je niet laat zien of duidelijk kan maken aan de leden wat de vereniging doet, dan is er sprake van een theoretische organisatie die geen meerwaarde biedt. Je bestaansrecht hangt samen met hetgeen wat je vertelt over wat je doet, dat is de kern van de organisatie." Bruning legt uit dat er best zaken kunnen zijn die op de achtergrond staan, als de organisatie bijvoorbeeld midden in een onderhandeling zit. "Dan ga je niet op elk moment van de strijd tussenstandjes geven over wat er allemaal gebeurt. Maar uiteindelijk is jouw grootste taak vertellen aan leden en de buitenwereld waar je mee bezig bent." De voorzitter van de Vereniging, Leeuwin, is zelf ook ontevreden over het ontbreken van een site. "Welke journalistieke organisatie heeft in 2017 geen website? Dat is gewoon schandalig."

Journalisten zijn dan ook niet blij met de vereniging. Velen van hen vinden dat de SvJ geen toegevoegde waarde biedt. Redenen hiervoor zijn onder andere het ontbreken van invloed op de journalistiek en het ondernemen van weinig tot geen actie. "Ze komen niet op voor alle journalisten werkzaam in Paramaribo, zijn politiek gekleurd, een 'ons-kent-ons' clubje, durven geen standpunt in te nemen wat betreft persvrijheid en er is een gebrek aan middelen en financiën", somt een journalist die graag anoniem wil blijven op. Wel zeggen de journalisten het bestaan van de vereniging goed te vinden. Er is zelfs een grote behoefte aan een actieve en innovatieve vereniging. Enkele journalisten zijn positief, voelen zich beschermd en vinden dat de organisatie de belangen van onafhankelijke journalistiek benadrukt.

Kemble-Starke vertelt geen lid te zijn van de vereniging en weet er inhoudelijk weinig van. Ze vindt dat de vereniging bezig moet zijn met het op de hoogte houden van de journalisten. "Ik zou graag naar trainingen gaan en dan zou ik me verbonden voelen." 9 december 2013 werd er een item over de Decembermoorden stopgezet bij het *Jeugdjournaal* en de vereniging kwam niet uit zichzelf met een oordeel. "We zijn zelf naar ze toegegaan om te vragen wat ze ervan vonden. Dat vind ik erg passief, als zoiets gebeurt moeten ze er eigenlijk bovenop zitten."

Ook Snijders weet uit ervaring dat de vereniging passief is ingesteld. "In de periode dat ik bedreigd werd en een pistool tegen mijn kop kreeg, heb ik de SvJ gebeld en gevraagd of ze nog met een verklaring kwamen. Ze zeiden toen van wel maar de verklaring kwam maar niet." De journalist zegt het te begrijpen omdat het allemaal drukke journalisten zijn, maar vindt dat eigenlijk niet kloppen. "Je moet wel actieve journalisten in je vereniging hebben, maar meer als leden. Toen keek ik overigens ook nog met een Nederlandse bril, de NvJ kwam direct met een verklaring en toen dacht ik, waar blijft de SvJ?"

Aangezien de organisatie geen houvast biedt aan journalisten staan zij minder sterk in hun schoenen. De vereniging zou daarnaast veel kunnen betekenen op het gebied van rechtszaken tegen journalisten. Als er duidelijke journalistieke en ethische codes omschreven zijn waar journalisten zich aan houden, kunnen zij zich hier tijdens een rechtszaak aan vasthouden en zou de organisatie objectieve uitspraken kunnen doen over de professionaliteit. De voorzitter van de organisatie is het er mee eens dat de vereniging geen toegevoegde waarde biedt. Maar hij legt uit dat er te weinig financiële middelen en medewerkers zijn om de plannen van de vereniging waar te maken. "Er is niemand die iets gaat maken zonder betaald te worden en er is bovendien geen budget."

Journalist Seshma Bissesar vindt dat onzin. Volgens haar is er veel informatie op het internet te vinden. "De journalistieke vereniging kan makkelijk en kosteloos gebruik maken van deze informatie. Er worden bijvoorbeeld genoeg hoorcolleges op Youtube gezet, gegeven door professionele mensen die veel verstand van zaken hebben."

Van Maele vindt ook dat de vereniging het moet opnemen voor alle journalisten als er iets gebeurt. "Er kan onderzoek gedaan worden naar zelfcensuur en propaganda. Saamhorigheid kweken is ook belangrijk, zodat er een klimaat wordt gecreëerd waarin journalisten zelfcensuur bespreekbaar kunnen maken", vertelt Van Maele.

Volgens Leeuwin ligt het probleem ook bij journalisten. "Er is weinig betrokkenheid en een lakse houding." Als er een training wordt gegeven wordt deze geannonceerd en krijgen journalisten, die zijn aangesloten bij de vereniging, persoonlijk een uitnodiging via de e-mail. De voorzitter zegt dat het aantal aanwezigen op een discussieavond op een hand te tellen is. "Dat is slecht!" Wel legt hij uit dat journalisten vaak weinig tijd hebben vanwege veel werk op de redacties. Toch houdt hij vast aan de inzet van de journalist. "De vereniging kan van alles doen, maar zolang de individuele journalist niet gemotiveerd raakt kan er niet veel veranderen."

Een journalist die graag anoniem wil blijven zegt dat journalisten zich graag willen verenigen, maar dat er vanuit de vereniging niet veel wordt gedaan. "Wilfred wijst met zijn vinger naar de journalisten en zegt dat wij niet komen opdagen als er meetings worden georganiseerd. Maar wat er wordt besproken op zo'n meeting is vaak gewoon niet relevant en onze tijd is kostbaar. Als je een meeting organiseert, moet je ook zorgen dat de aangeboden stof leerzaam is."

Snijders bevestigt dat weinig mensen luisteren naar de vereniging. "Maar het is een slappe club. De SvJ komt dan met een verklaring, maar vervolgens gebeurt er niets. Daardoor is er weinig betrokkenheid vanuit journalisten."

Veel journalisten denken dat een goed functionerende vakvereniging veel zou kunnen betekenen voor het verbeteren van de kwaliteit en de persvrijheid. Dit zou ervoor kunnen zorgen dat journalisten tijdens het werk meer houvast hebben en ergens op kunnen terugvallen.

"Er is behoefte aan een actieve organisatie en de SVJ is erg inactief, dat is jammer. Veel journalisten hebben echter een politieke agenda, dus er is weinig eensgezindheid. Als journalisten hun vak goed uitoefenen, zou de SvJ goed kunnen functioneren", zegt Ramcharan.

Ook Bruning benadrukt de moeilijkheidsgraad van het opzetten van een vereniging in een kleine maatschappij. "In Paramaribo zit je op regio-niveau, dat is erg ingewikkeld in verband met de ons-kent-ons samenleving." De vereniging ziet de toekomst buiten alles positief in: "We moeten blijven proberen en andere mensen betrekken bij de organisatie. Als er een groep van tien tot twintig mensen zich gaan verdiepen in een website, de mediabedrijven de SvJ gaan erkennen als belangenorganisatie en er een commissie wordt ingesteld die het enthousiasme voor het vak deelt, zouden we veel meer kunnen betekenen. We gaan door", besluit Leeuwin.

_ Overige factoren
Politieke gekleurdheid
Veel journalisten zijn lid van mediacommissies van verschillende politieke partijen. "Partijpolitiek is behoorlijk geïnfiltreerd bij verschillende media. Dit heeft een grote invloed op de onafhankelijkheid van journalisten", vertelt Ramcharan.

In Suriname worden beroepen die iets te maken hebben met media vaak over een kam geschoren. Leeuwin zegt dat er in Suriname onderscheid moet worden gemaakt tussen journalistieke beroepen en beroepen die verwant zijn aan de journalistiek. "Als je als journalist advertenties maakt voor de overheid, ben je alleen kritisch wanneer het jou uitkomt. Dit komt door de politieke gekleurdheid van de journalist. Als niemand jou dan meer te woord wil staan is de persvrijheid in gevaar." Volgens de voorzitter van de SvJ ligt dit probleem ook bij het lage salaris en een slechte journalistieke opleiding. Hij zegt dat mediabedrijven vaak medewerkers in dienst nemen die geen passie hebben voor het beroep vanwege de onderbezette redacties. Maar als er wel professionele journalisten worden aangenomen krijgen deze geen redelijk salaris aangeboden. "Mediabedrijven zijn niet van plan dat uit te betalen. Een media-eigenaar liet eens aan mij weten: 'Nieuws maakt zichzelf. Ik ben niet van plan om mensen veel te betalen om nieuws te maken.'"

Uit interviews met journalisten blijkt dat er een grote behoefte is aan onafhankelijke redacties en aan minder politiek gekleurde journalisten. Hoogendam wil alleen onafhankelijke journalisten op zijn redactie bij *Parbode Magazine*. "Best veel goede journalisten hosselen bij. Ze doen dingen voor *lanti*, grote bedrijven of doen *public relations*. Dan wil ik ze al niet meer hebben, want dan komt de onafhankelijkheid in gevaar."

Ook Ramcharan denkt dat goede journalistiek bedrijven alleen mogelijk is als journalisten onpartijdig zijn. Volgens haar bestaan er veel gekleurde media en is dat best acceptabel, als het maar duidelijk is voor de burgers. "Het is oneerlijk naar het volk toe als je stiekem partijdig bent en dat niet bekend maakt. Je kan, als medium, niet doen alsof je onafhankelijk en objectief bent als dat niet zo is. Burgers hebben recht op authentieke en eerlijke informatie, anders kan er geen oordeel geveld worden. Dit zie je ook terug bij de verkiezingen. Dan wordt er veel gemanipuleerd en krijgen de burgers een verkeerd beeld en maken verkeerde keuzes."

Brave deelt de mening van Ramcharan en is niet per se een tegenstander van gekleurde media, tenzij men gaat manipuleren. Als voorbeelden noemt de hoofdredacteur ABC Radio. "De *founding father* van ABC is geëxecuteerd en het radiostation heeft toen besloten iedereen aan het woord te laten behalve Bouterse, de moordenaar en vernietiger van ABC. Dat vind ik niet manipulatief, want ze zeggen het van tevoren. Nu Bouterse president is geworden is de zaak iets veranderd. Hij is wel te horen op ABC als president om de burgers te informeren, maar ze zullen nooit een speciaal interview doen met Bouterse."

Dit gepolitiseerde perslandschap, wat zich al gevormd had voordat Desi Bouterse opnieuw aan de macht kwam, is volgens Leon Willems, directeur van freedom-of-speech organisatie Free Press Unlimited, een product van een gebrek aan persvrijheid in zowel het legal framework, de politieke en de economische vrijheid. "De pers verloochent zichzelf en creëert zo een gepolitiseerd landschap."

_ Invloed vanuit Nederland

Desi Bouterse staat vaak in het middelpunt van belangstelling in de Nederlandse pers. Cairo denkt dat de aandacht voor zaken rondom Bouterse vanuit de politiek naar de Nederlandse media is gevoed. "Door de jaren heen is mediabelangstelling voor hem bijna geïnstitutionaliseerd. Hierdoor worden zaken die misschien belangrijker zijn en meer media-aandacht zouden kunnen krijgen, verwaarloosd door de Nederlandse pers." Volgens Leeuwin wordt Bouterse gevoed door de aandacht vanuit Nederland en daardoor alleen maar groter.

"Het zou beter zijn als landen met een koloniaal verleden zich niet al te veel zouden bemoeien met hun ex-kolonie. Andere landen zouden deze taak beter op zich kunnen nemen omdat advies dan sneller wordt aangenomen. Nationalisme, trots en gevoeligheden spelen hierbij een grote rol", legt Willems uit.

Dit zie je ook in de Surinaamse praktijk. Kritiek van Nederlandse professionals pakt averechts uit. De regering-Bouterse zegt dat Den Haag er alles aan doet om Suriname zwart te maken. De verhalen over de jaren '80 in de Nederlandse media worden bestempeld als propaganda en een obsessie met de geschiedenis, schrijft Samwel. De voorzitter van de SvJ beaamt dat: "Er moet minder invloed zijn van Nederlandse media in Suriname. Daarnaast is de invloed van politiek Den Haag op onafhankelijke Surinaamse instituten en Surinaamse media absoluut een foute zaak."

Bissesar legt uit dat Surinamers sowieso erg gevoelig zijn voor kritiek. "Als kritiek dan van buitenaf komt en een blanke uit Holland vertelt hoe het beter kan, ligt het helemaal anders. Daar zit het 'm ook in."

Nederlandse journalisten werkzaam in Paramaribo merken dit ook tijdens hun werk. Snijders vertelt dat *Parbode* niet uitgenodigd wordt voor, onder andere, verschillende evenementen georganiseerd door de SvJ. "De

SvJ praat zichzelf dan aan dat wij geen echt Surinaams blad zijn. Er werd dan gezegd dat er veel Nederlanders rondlopen op de redactie en dat de hoofdredacteur ook wit is, wat nu overigens niet meer het geval is." Tijdens de eerder beschreven rechtszaak met politica Noreen Cheung werd er in het parlement gezegd dat *Parbode* een 'vanuit Nederland aangestuurd Nederlands blad' is. "Ze was gewoon geïnterviewd en weet dondersgoed dat het een Surinaams blad is. Ze grijpen er snel naar, merk ik. Dan zeggen ze: 'Oh dat zijn maar Nederlanders die dat zeggen'. Dat beeld verandert niet."

Uitgever van het blad Hoogendam vertelt dat *Parbode* al tien jaar bestaat en dat ze het goed doen. "De uitgever is een Nederlander, maar het gaat over Suriname. Het wordt gemaakt in Paramaribo en gedrukt in Polen. Dit omdat ze in Suriname niet kunnen drukken voor die kwaliteit en prijs. Dertig tot veertig procent van de oplage wordt in Nederland verkocht. Dus in die zin is het ook een beetje een Nederlands blad." Hoogendam zegt zich vooral te richten op het uitvoeren van goede journalistiek. "We doen ons werk en publiceren teksten van, hoop ik, goede kwaliteit", zegt hij bescheiden. Het doel van de uitgever is zoveel mogelijk Surinaamse journalisten in dienst nemen. "Goede Surinaamse journalisten zijn er zeker, alleen vaak al onder dak. Die werken bij andere bladen en hebben een vast contract en stappen niet snel over."

Volgens Samwel moeten Nederlandse journalisten actief blijven in Suriname en met een genuanceerd en breder perspectief hun werk uitvoeren. Daarnaast moet er kennis gedeeld worden met Surinaamse collega's, masterclasses aangeboden worden en stageplaatsen worden vrijgeven. Een journalist, die graag anoniem wil blijven, vertelt dat echt goed samenwerken een groot verschil zou kunnen maken in de journalistiek. "Kennisverspreiding onder journalisten in Suriname is slecht en daardoor is er geen verbetering. Voor mij als toekomstige journalist is het heel belangrijk dat dit gaat veranderen." Ook Bissesar mist de onderlinge eenheid onder journalisten, en ziet dit als de allergrootste uitdaging in de journalistiek. "Journalisten halen elkaar neer en beconcurreren elkaar. Als er meer eenheid zou zijn zal dat de werksfeer bevorderen."

_ Journalisten in Suriname

Tot slot wordt het uitvoeren van het journalistieke vak vaak moeilijk gemaakt voor journalisten. Veel journalisten zien bronnen die niet bereidwillig zijn mee te werken aan een artikel, als grote beperking tijdens het werk. Anderzijds zegt een deel daarvan een groot probleem te hebben met bronnen die wel mee willen werken, alleen anoniem. Dit gebeurt voortdurend bij *Parbode Magazine*. Zodra iemand met corruptie in aanraking komt, krijgen de redactieleden dit vaak te horen bij het tijdschrift. Er wordt dan aan de bron verteld dat het verhaal alleen gebracht kan worden als ze met hun naam in het artikel staan. "Dan haken ze voortdurend af. Mensen willen hier echt alleen maar anoniem aan het woord komen. Het maakt de journalistiek ongeloofwaardig. Zodra mensen de klokkenluider moeten zijn dan houdt het op", vertelt Van Maele. Dit komt onder andere door corruptie: Als je als ondernemer kritisch bent over de overheid dan bestaat er een kans dat er geen opdrachten meer binnenkomen en het bedrijf failliet gaat. De corruptie wordt dan ook als een van de belangrijkste factoren gezien, die de journalistiek en persvrijheid belemmerd.

Aangezien *Parbode Magazine* het enige opinieblad is en achtergronden geeft, gebeurt het vaak dat journalisten niet verder komen met een artikel omdat er eerder kritisch is geschreven. "Vaak wilde ik mensen spreken en die roepen dan meteen: *Parbode? Nee!*", vertelt Snijders. Hij heeft wel eens ruzie gekregen met een paar directeuren bij het ministerie na het publiceren van een kritisch artikel. "Ik had me echt suf gebeld naar het ministerie maar kreeg geen gehoor. Uiteindelijk hebben we het artikel gebracht zonder een reactie van het ministerie. Direct na publicatie kreeg ik telefoontje dat we nog wel iets konden verwachten omdat we hen niet hadden geïnterviewd. Nadat ik verteld had dat ze niet reageren of terugbellen, heb ik er nooit meer wat van gehoord." Volgens de journalist heeft hij zeker dertig verhalen in zijn hoofd die hij wil uitzoeken, maar lukt het vaak niet. "Heel vaak willen bronnen alleen anoniem of krijg je net niet je vinger achter de mensen die je nodig hebt. Vaak vind je die ook wel, maar als ze dan niet willen praten, houdt het op."

Brave vindt de drang van bronnen om anoniem te blijven soms heel ver gaan. "Voor de meest onschuldige dingen willen mensen hun naam niet gebruiken, omdat ze denken dat het consequenties heeft. Ze willen bijvoorbeeld ook niet op de foto voor een leuk, positief verhaal." Volgens Brave is Suriname een fantastisch land om journalistiek te bedrijven en is de techniek en integriteit van een journalist bepalend. "Een journalist kan een verhaal schrijven met veel anonieme bronnen, maar wat hij of zij er in gaat steken om het betrouwbaar, geloofwaardig en in balans te krijgen is het belangrijkst. Daarvoor moet je op onderzoek uitgaan." De hoofdredacteur neemt het onderwerp corruptie als voorbeeld. "Als je corruptie niet hard kan maken, dan kan je mij als lezer meenemen op een zoektocht, waardoor je het in elk geval bespreekbaar maakt. Dan is het een onderdeel van jouw artikel dat je op blinde muren stuit." Volgens Brave gebeurt dit veel te weinig en gaan weinig journalisten de straat op. "Vrijwel iedereen wil aan bureaujournalistiek doen en ministers interviewen. Dan krijg je gewoon heel lastig een verhaal rond. Ik denk dat het mijn taak is mensen met passie binnen te halen, die dat willen gaan doen."

Ramcharan is het hiermee eens. "Niet altijd willen mensen praten, maar als journalist moet je inventief zijn." Hiermee laat ze zien dat je als journalist over goede vaardigheden moet beschikken om journalistiek te bedrijven in Suriname. "Een document of ander bewijs vinden is ook een bron."

De journalist heeft daarbovenop geen hoog aanzien in de maatschappij. Veel journalisten voelen zich ondergewaardeerd door de maatschappij of overheid. "Journalisten worden hier niet al te hoog aangeschreven. Als ze kritisch zijn, jokken ze weer. Ik denk dat als we een lijst gaan maken van de meest populaire beroepen in Suriname, journalisten nog net boven politici staan", zegt Snijders. "En die staan met stip op de laatste plaats."

IVAN CAIRO:

"Ik zou graag zien dat journalisten zich internationaal gaan oriënteren en meer gaan verdiepen in het vak, om zo hun vaardigheden en kennis bij te schaven"

Ivan Cairo studeerde enkele jaren rechten, maar rolde in 1995 de journalistiek in. Hij staat inmiddels bekend als een van de meest kritische en kwaliteit leverende journalisten van Suriname. Zijn passie voor journalistiek ontstond echter al op zijn vijftiende. Hij droomde toen van het graven naar informatie en het informeren van de Surinaamse gemeenschap door middel van waarheidsgetrouwe berichten. Momenteel hoopt hij dat journalisten zich massaal gaan verdiepen in het vak, zodat dit de journalistiek ten goede zal komen. Tegenwoordig heeft Cairo overigens de indruk dat de pers kritischer wordt en burgers openlijker hun mening durven te ventileren. Dat vindt hij een heel positieve ontwikkeling.

HOOFDSTUK 6 _ VRUCHTBARE GROND

De persvrijheid staat onder druk en dit heeft zijn weerslag op de kwaliteit van de journalistiek in Suriname. Door de invloed die er door verschillende partijen op de persvrijheid wordt uitgeoefend, worden journalisten beperkt in hun werk en kunnen zij niet streven naar de optimale kwaliteit. Dit heeft echter ook een wisselwerking. De lage kwaliteit zorgt op zijn beurt weer voor een lagere persvrijheid en slechtere journalistieke omstandigheden. Door deze omstandigheden is er vanuit journalisten weinig motivatie om de situatie en kwaliteit te verbeteren. Een artikel kopiëren en plakken uit een persbericht van de overheid is geen zeldzaamheid in Suriname. Op deze manier krijgen de burgers kant en klare propaganda geserveerd. Het ontbreekt aan journalistieke traditie en het is van belang dat er een kritische pers ontstaat. Het is echter duidelijk dat er een grote wil is, onder een groep journalisten, om deze situatie te verbeteren.

_ Kritiek op de Surinaamse journalistiek
Er is veel kritiek op de kwaliteit van de pers vanuit verschillende hoeken van de Surinaamse samenleving. Zo liet Chandrikapersad Santhokhi, voorzitter van de Vooruitstrevende Hervormingspartij (VHP), in 2014 tijdens het programma *Welingelichte kringen* op *ABC radio* weten niet tevreden te zijn met de kwaliteit van de pers en noemde hij journalisten passief. Volgens hem kwam de pers vroeger voorbereid, met veel vragen, maar zijn de kritische journalisten op dit moment verdwenen.

Journalist Seshma Bissesar is het hier mee eens. "Bij de vorige regering deden journalisten hun mond wijd open en was er een kritische houding. Als mensen zeggen dat ze bang zijn door de jaren '80 en president Bouterse, vind ik dat onzin. Dat is inmiddels al lang geleden. Journalisten in Suriname letten niet op hun integriteit. Als je weet dat het de waarheid niet is, waarom doe je dan mee? Waarom breng je het naar buiten? Je moet je niet laten omkopen, je werkt voor de burgers. De hoogste macht is in de handen van het volk", zegt Bissesar fel.

Ook Nita Ramcharan, hoofdredacteur van nieuwsplatform Starnieuws, ziet de kwaliteit van de journalistiek achteruit gaan. Volgens haar heeft dit deels te maken met het feit dat de media een reflectie zijn op de maatschappij. "De burgers zijn over het algemeen laag opgeleid. Daardoor denken ze snel 'als de regering het zegt zal het wel zo zijn.' De media moeten dat publiek aanspreken en bewust maken." Louis Alfaisie, voormalig adjunct-hoofdredacteur van dagblad de West, ziet dit ook zo. "Ik ben niet altijd tevreden over de kwaliteit van de journalistiek, maar de journalistiek is een deel van de maatschappij en deze kan daar niet teveel van verschillen." Ook Bissesar benadrukt de laaggeschoolde maatschappij: "Ze lezen niet kritisch, dus kunnen ze gewoon zand in hun ogen gestrooid krijgen zonder dat ze het merken." Ramcharan vindt het daarom belangrijk dat journalisten onderwerpen goed uitleggen, zodat informatie zich kan vastzetten bij mensen. "Het is heel lastig als de regering iets heeft gezegd en jij daar als journalist tegenin gaat. Daarom denk ik dat het belangrijk is eerlijke journalistiek te bedrijven, maar dan is het alsnog een lange weg."

Daarnaast is de Surinaamse journalistiek heel erg op Paramaribo gericht. "En zelfs dan doen we het niet goed genoeg", zegt Ramcharan. Volgens haar is er geen medium dat het wereldnieuws echt goed volgt.

_ Agendajournalistiek

Pieter van Maele, correspondent en journalist in Suriname, vertelt dat veel journalisten elke ochtend kijken welke persberichten en conferenties er zijn en worden de kranten op die manier volgeschreven.

Diederik Samwel, journalist en Suriname expert, ondersteunt dit. Het is niet gebruikelijk verder te kijken dan de informatie die men toegespeeld krijgt. Een persbericht kan zonder veranderingen gepubliceerd worden, waarom zou je daar kritische vragen over stellen? Dat is meer werk en kost tijd, schrijft hij.

Iwan Brave, hoofdredacteur van dagblad de Ware Tijd, beaamt de zogeheten agendajournalistiek op zijn redactie en vertelt dat zijn journalisten er moeilijk voor te porren zijn langere artikelen te schrijven voor de *Mens en Maatschappij bijlage*. Met als reden dat ze daar niet voor zijn aangenomen. "Er is in Suriname een soort cultuur ontstaan, waarbij journalisten gemiddeld drie tot vier stukjes per dag tikken en dat is in hun ogen journalistiek." De hoofdredacteur krijgt intern vrijwel niemand zo ver om, zonder extra bij te verdienen, een achtergrondverhaal te schrijven. Voordat Brave hoofdredacteur werd bij het dagblad, zijn er hierdoor onder andere verschillende stakingen geweest bij de krant. Volgens Brave weigerden journalisten voor de website te schrijven, als zij daar niet extra voor betaald kregen. "Ik wil die houding graag veranderen. Aan de andere kant kan ik het mijn journalisten ook niet kwalijk nemen, want het staat letterlijk in het arbeidscontract. Er is nog een lange weg te gaan", aldus Brave. Volgens Armand Snijders, voormalig hoofdredacteur van opinieblad *Parbode Magazine*, is die houding moeilijk te veranderen omdat de vak- en personeelsbond heel machtig is. "Maar een goede journalist is bevlogen. Het moet niet uitmaken of je een achtergrondartikel of vijf korte nieuwsberichten per dag schrijft. De passie ontbreekt in veel gevallen, het wordt te vaak als gewoon werk gezien", aldus Snijders.

_ Onderbezetting

Door de onderbezetting en het lage salaris blijft deze vorm van berichtjesjournalistiek bestaan, vertelt Van Maele. Alfaisie beaamt dat er weinig journalisten zijn en redacties vaak onderbezet. Volgens hem is dit probleem tweeledig: "De opleiding 'produceert' aan het einde van de dag veel meer persvoorlichters dan journalisten. En ten tweede is de overheid veel te aantrekkelijk. Veel mensen die talent hebben voor journalistiek geven toe aan de zuigkracht van de overheid, vanwege lucratieve vergoedingen en sociale zekerheid." Wilfred Leeuwin, voorzitter van de *Surinaamse Vereniging van Journalisten* (SVJ), zegt dat mediahuizen door onderbezetting ook onervaren journalisten aannemen, maar geen tijd hebben om deze journalisten op te leiden. Dit heeft ook weerslag op de kwaliteit.

"Ik zit vaak aan artikelen te werken, waarvan ik eigenlijk denk: Dit moet rechtstreeks de prullenbak in", zegt Brave. De hoofdredacteur krijgt vaak reacties dat de krant veel fouten bevat en dat het daardoor lijkt alsof ze geen verstand van zaken hebben. "Dat is het niet. De basisteksten zitten vol met fouten en het is bijna onmogelijk om die teksten foutloos te maken." De onderbezette eindredactie heeft veel werk en zodoende vaak tijdgebrek, waardoor de kwaliteit soms achterblijft.

Brave wil bij *de Ware Tijd* ook streven naar het intern beter opleiden van personeel. Hierbij wilt hij de agendajournalistiek vervangen door diepgang en de nadruk leggen op het leren van analyses maken, commentaar schrijven en achtergrondinformatie bieden. "Ik wil dat mensen groeien en veranderen in de '*nieuwe journalist*'." Volgens Brave kwamen er voorheen veel onervaren en 'zwakke' journalisten binnen, maar is dat vanaf heden afgelopen. "Ik werk liever met een aantal gepassioneerde journalisten die langzaamaan beter worden, dan met journalisten die taalkundig redelijk kunnen schrijven, maar totaal geen journalistieke mores hebben." Volgens hem is het een lang proces, maar moet dat met een ijzersterke eindredactie te verwezenlijken zijn. "Journalisten die het vak echt willen leren kunnen op deze manier het veld in en beter worden. Zo investeer je stapje voor stapje in kwaliteit."

Maar eenvoudig is het niet: de meeste journalisten hebben nog een baan naast hun werkzaamheden als redacteur of volgen een avondopleiding. Daarnaast moeten veel journalisten veel berichten per dag produceren vanwege de onderbemande redacties. Hierdoor kan er vaak niet diep in een onderwerp gedoken worden. Dit geeft zijn weerslag op de onderzoeksjournalistiek.

Jaap Hoogendam, uitgever van opinieblad *Parbode Magazine*, merkt ook dat de onderzoekjournalistiek in Suriname veel beter zou kunnen. "Het is een combinatie van luiheid en een gebrek aan geld. Dat merken wij zelf ook." In het schrijven van achtergrondartikelen gaat veel tijd zitten. Er moet onderzoek gedaan worden: in archieven duiken en veel mensen interviewen. "Het vinden van hard materiaal kost veel tijd." Hierbij doen zich volgens Hoogendam twee problemen voor. "We hebben er vaak het geld niet voor en je moet een journalist vinden die het wil doen." De uitgever vertelt dat een journalist voor een echt achtergrondverhaal zeker drie tot vier weken de tijd moet nemen. "Dan heb je een aantal pagina's van hoog niveau. In die zin spelen wij als *Parbode* een goede rol." Alsnog blijft Hoogendam kritisch en zegt hij dit hoge niveau vaker terug te willen zien in het blad. "Ik vind twintig procent van de redactionele pagina's onder de maat. De eindredactie heeft dan nog tijd nodig om er iets van te maken." Maar over het algemeen is Hoogendam positief over zijn medewerkers. "Het geldt voor andere bladen ook, *de Ware Tijd* is kwalitatief een goede krant. Maar helaas zie je dit niet altijd terug. De *Mens en Maatschappij* bijlage heeft veel potentie, maar is helaas vrij oppervlakkig, zonder veel weerwoord."

_ Gebrek vakkundige journalisten

Het probleem in Suriname met onafhankelijke journalistiek ligt volgens Ramcharan bij het gebrek aan vakkundige journalisten. Ook Snijders had bij *Parbode* gebrek aan goede journalisten. "Er zijn daar maar twee of drie journalisten die echt onderzoekjournalistiek kunnen/willen/durven doen. Daarnaast durven weinig mensen opinie te schrijven, dat zie je bij Surinaamse freelancers weinig. Je moet het natuurlijk ook in de vingers hebben, dat is bij Nederlandse journalisten ook het geval."

Brave is zich bewust van de schaarste aan vakkundige journalisten en wil dat graag oplossen. "Een journalist op de redactie schreef laatst een artikel over een persoon die een organisatie was gestart, maar heeft de organisatie zelf niet bezocht. Dat vind ik heel erg. Als ik die opdracht geef, moet ik dus ook zeggen: '*Ga daar eens kijken. Geef het context*'. Het is gewoon een andere manier van aanpakken." Leeuwin legt uit dat journalisten vaak slecht geïnformeerd zijn en dat het daardoor lastig is om die context te bieden. "Niet veel journalisten halen het onderste uit de kan als het gaat om de journalistiek. Er wordt te weinig doorgedacht."

Het ontbreekt aan creativiteit. "Soms vind ik dat we gauw tevreden zijn met het nieuws dat we brengen", laat Soelami Kemble-Starke, journalist bij het *Surinaamse Jeugdjournaal*, weten. De invalshoeken zijn altijd hetzelfde, er wordt vaak geen update gebracht van het nieuws en er wordt niet goed aan de doelgroep gedacht tijdens het brengen van items of artikelen. Dit is de journalisten niet kwalijk te nemen. Niet iedereen heeft dezelfde opleiding genoten, leermomenten of dezelfde ervaring gehad in de praktijk. Journalisten hebben niet dezelfde basis.

"Suriname kampt in het algemeen met een tekort aan een gekwalificeerd kader", legt Brave uit. Volgens hem is de Ware Tijd een Surinaams bedrijf, dat zich lokaal kan onderscheiden. Het is hierbij van belang dat er buitenlandse expertises worden binnengehaald. De hoofdredacteur vertelt: "Het gaat zonder buitenlands bloed niet lukken. Als we met alleen maar lokale mensen blijven werken gaat het een heel lang proces worden voordat er verandering komt."

Volgens Surinaamse journalist Steven van Frederikslust hebben de meeste journalisten een hit and run mentaliteit. Snel een quote scoren en niet doorvragen. Daarom schieten stijl, spelling en het checken van bronnen er vaak bij in. Laat staan het bemachtigen van nieuwe informatie.

"Ik schrik soms echt als mensen hun artikel inleveren. Ik krijg troep op mijn bord. Dit geldt niet alleen voor werknemers bij de Ware Tijd, maar ook over Nederlandse freelancers, die goed opgeleid zijn", zegt Brave. De hoofdredacteur legt uit dat het land pas sinds 2000 weer aan het opklauteren is en er nog helemaal geen journalistieke cultuur bestaat. "Ik constateer deze problemen overigens niet alleen in Suriname, maar er is sprake van een algehele vervlakking van de journalistiek."

Volgens Ramcharan klinkt 'Eén bron is geen bron' nog lang niet op alle redacties. Snijders vindt het toepassen van hoor en wederhoor eveneens slecht. "Als er wel wederhoor wordt gevraagd en bronnen verschillende informatie geven, wordt er echter nooit uitgezocht wat er daadwerkelijk klopt." De voormalig hoofdredacteur maakt zich soms overigens zelf ook schuldig aan te weinig fact checking en zegt daar verandering in te willen brengen. Parbode magazine publiceert dan ook sinds januari 2016 een fact check-rubriek, 'Dus Dat' genaamd, in het tijdschrift. Hiervoor wordt elke maand een opvallende stelling onderzocht. De rubriek wordt als volgt beschreven: "We leven in een land van wilde verhalen. Op straat, in de krant, in het parlement: de ene ronkende bewering volgt de andere tori op. Maar kloppen die ook?"

_ Plagiaat

Veel journalisten plegen plagiaat door bijvoorbeeld geen bron te vermelden, vertelt Ramcharan. Meerdere journalisten ervaren problemen met plagiaat. Volgens Bissesar wordt er veel geklaagd, maar onderneemt niemand actie om het probleem tegen te gaan. "Ik wil het goede voorbeeld geven en vecht tegen plagiaat", zegt ze fel.

Volgens Ivan Cairo, journalist bij *de Ware Tijd*, is plagiaat een te groot woord voor wat er gebeurt. Hij is fel gekant tegen de wijze waarop volgens hem vooral radiostations misbruik maken van producten van journalisten bij de kranten en nieuwssites, door in hun nieuwsuitzendingen berichten te presenteren zonder bronvermelding. Het gaat dan voornamelijk om de programma's die geen eigen verslaggevers in dienst hebben, maar wel een nieuwsbulletin uitzenden. "Er worden gewoon berichten overgenomen uit de krant en het wordt gepresenteerd als eigen nieuws, zonder de bron erbij te vermelden. Waardoor het overkomt alsof de berichten uit eigen nieuwsgaring worden verkregen."

_ Passie

Al deze problemen liggen volgens Ramcharan ten eerste bij de journalisten zelf. "Ik vind dat je het vak met overtuiging moet uitoefenen. Journalistiek is een passie. Als je je niet honderd procent kan geven voor dit vak, zal het niet lukken om het goed te doen. Vooral niet in Suriname." Bissesar mist de passie ook. "Het is geen baan van acht tot vier, het is een lifestyle. Je moet je passie eraan toevoegen en als je dat niet hebt ruim dan het veld en geef iemand anders de kans."

Snijders mist de passie niet bij de journalisten van *Parbode Magazine*. "Over het algemeen hebben we echt mensen die er voor gaan. Het grootste probleem voor veel journalisten is echter tijdgebrek. Dit omdat ze nog studeren of ook bij andere media werken om rond te komen." De voormalig hoofdredacteur legt uit dat als je goed bent in het vak, je veel werk kan vinden en bij elk medium terecht kan.

Volgens Ramcharan staan journalisten alleen niet open voor kritiek en zijn ze niet bereid om te leren van hun fouten en om zich verder te ontwikkelen. "Die attitude moet snel veranderen." Een goede journalistieke opleiding zou hier iets aan kunnen veranderen. Bissesar mist dit ook in de journalistieke samenleving. Er wordt volgens haar teveel geconcurreerd in plaats van samengewerkt. "Hoe willen we de journalistiek in Suriname dan gaan verbeteren? Als je kritisch wil zijn moet je ook kritiek ontvangen. Ik wil graag horen wat ik beter kan doen, daar ga ik mee aan het werk."

_ Onder de indruk

Bissesar vindt, ondanks haar kritische blik, niet alle negatieve reacties op de Surinaamse journalistiek terecht. Het buitenland is niet vergelijkbaar met Suriname. "Ik ben ook trots op de Surinaamse journalisten. Ze zijn naast journalist, ook cameraman en editor. Een doorsnee journalist moet drie items per dag maken en dan gaat de kwaliteit er gewoon aan", aldus Bissesar.

Ook Leeuwin zegt dat er een handjevol journalisten is die kritisch en goed opgeleid zijn, kennis van zaken hebben en heel graag iets willen veranderen. "Maar het lukt gewoon nog niet helemaal."

Als een redacteur verdieping wil geven aan het artikel of item gaat dat bovendien vaak niet soepel. Voorlichters verlaten na het versturen van een persbericht vaak hun bureau, dus er is zelden iemand te bereiken voor extra commentaar.

Alfaisie is af en toe zelfs onder de indruk van de prestaties van Surinaamse journalisten bij deze vele tegenslagen, zoals onder andere het gemis van een Wet Openbaar Bestuur (WOB), waar zij dagelijks mee te maken krijgen. "Journalisten stellen met eigen inventiviteit, netwerken en informatie uit de gemeenschap veel aan de kaak, met risico van het verlies van hun baan en inkomen."

Kemble-Starke, benadrukt tot slot de hoeveelheid werk voor relatief weinig medewerkers. "Journalisten werken van s'ochtends tot s'avonds laat tegen een hongerloon." "Daarom is het ook zo zonde dat ze de diepgang missen van het beroep waarvoor ze zo hard werken", reageert Leeuwin.

_ Het verbeteren van de kwaliteit

Veel journalisten geven aan dat in hun ervaring de mate van persvrijheid in Suriname en de kwaliteit van het werk sterk met elkaar verbonden zijn.. Leon Willems, directeur van de freedom-of-speech organisatie Free Press Unlimited , vertelt dat persvrijheid en vrije journalistiek verbeterd kan worden door meer professionele kwaliteit te leveren. "Het is de basis. Het is heel vervelend en moeilijk om feiten te checken, maar het moet gebeuren. De journalistieke cultuur staat vol met feitelijke fouten." Ramcharan betoogt dat kwaliteit de sleutelkwestie is. "Als journalisten hun vak verstaan, zullen zelfcensuur en censuur afnemen."

Leeuwin vindt het lastig om de mate van invloed op journalisten te beoordelen, omdat dit volgens hem afhangt van gebrek aan kennis bij journalisten. "Ik wil eerst zien dat journalisten in Suriname zichzelf gaan scholen en de handen uit de mouwen steken. Dan pas gaan we ontdekken waar we beknot worden. Het ligt eerst bij onze eigen kennis en kunde." Hij vertelt dat de persvrijheid is gegroeid, maar dat burgers door het gebrek aan kwaliteit niet altijd weten wat er echt speelt. "Journalisten moeten zich bundelen en gaan bekwamen in hun beroep om de kwaliteit en persvrijheid te verbeteren."

Alfaisie vertelt dat veel mensen het vak ingaan terwijl zij van origine geen journalist zijn. "Dat is niet erg. Veel journalisten in Suriname hebben geen journalistieke opleiding genoten, ik ook niet. Maar als je eenmaal gekozen hebt voor het beroep en je vindt het leuk, dan moet je je er wel in gaan verdiepen. Maar dat gebeurt niet. Mensen stappen er in en denken 'Ik doe maar wat'."

Ook Cairo wil dat journalisten zich meer gaan verdiepen in het vak, aangezien de meesten geen formele journalistieke opleiding hebben genoten. "Ik zou graag zien dat journalisten zich internationaal gaan oriënteren en meer gaan verdiepen in het vak, om zo hun vaardigheden en kennis bij te schaven." Hij denkt dat dit mogelijk is door meer te lezen over ethiek, codes en de waarden en normen in het vak en actief te participeren wanneer seminars en workshops worden georganiseerd. "Ook ik heb geen formele journalistieke opleiding gevolgd, maar mijn kennis en inzichten verbreed door zelfstudie en cursussen en workshops in Suriname en het buitenland te volgen", aldus Cairo. De journalist staat bekend om zijn kritische blik en zegt dat dit in zijn voordeel werkt tijdens het werk. "Als mensen iets kwijt willen aan de media, wenden ze zich vaak tot mij, omdat ze de overtuiging hebben dat ik de informatie goed kan overbrengen. Ook merk ik dat wanneer ik politici of andere autoriteiten benader voor informatie, ze ervoor waken mij verkeerde informatie te geven of te trachten met een kluitje in het riet te sturen. Verder merk ik dat ik door mijn reputatie vaak benaderd wordt door internationale media voor commentaar of assistentie wanneer ze iets dat te maken heeft met Suriname willen publiceren."

_ Samenwerken

Omdat er zo weinig wordt samengewerkt in de Surinaamse journalistiek wordt kennis niet gedeeld. Veel journalisten leggen er dan ook de nadruk op dat een journalist zich altijd moet blijven scholen. Maar het belangrijkste is het verspreiden van de opgedane kennis. Alfaisie ziet ook een mogelijkheid om de journalistiek en persvrijheid te verbeteren als mediahuizen gaan samenwerken. "We kunnen veel van elkaar leren." Ook Bissesar wil onderling meer eenheid. "Als er meer eenheid zou zijn, zal er een beter raamwerk worden gecreëerd voor journalisten en dat zal de werksfeer bevorderen." Een anonieme bron laat weten dat kennisverspreiding in Suriname erg slecht is. "Samenwerken zou echt een verschil kunnen betekenen. Voor mij als toekomstige journalist heb ik mensen nodig, ik moet advies kunnen vragen. Dat doe ik nu niet, omdat ik bang ben dat ze de kennis niet willen delen."
Snijders denkt dat dit laatste komt omdat iedereen zijn eigen 'bedrijf' heeft in de journalistiek. "In Amsterdam komen journalisten van allerlei kranten bij elkaar in de kroeg. Ik heb dat hier wel eens geopperd, maar collega's kijken je dan echt aan van: 'Die is gek'."
Ramcharan vindt samenwerken ook belangrijk en zegt het ook altijd leuk te vinden als andere media items hebben waar ze van onder de

indruk is. "Ik ben daar nooit jaloers op. Je moet het andere media gunnen. Hoe meer media dingen naar voren kunnen brengen, hoe beter. Sommige columns in *de Ware Tijd* zijn echt heel goed. Dan denk ik: 'Hè gelukkig. Dat had ik zelf niet beter kunnen doen'. Dat vind ik altijd goed. Het kan alleen maar beter worden als er veel meer mensen goed zijn in het vak."

Snijders denkt bovendien dat de waardering vanuit mediahuizen voor journalisten veel groter moet zijn. Bissesar is de strijd tussen journalisten onderling zat. "Op een bepaald moment word je daar heel erg moe van. Jij denkt '*I did a good job*. Ik wil erkenning'. Maar je krijgt die erkenning niet als journalist, ook niet van je collega's."

_ Vereniging en onderwijs
Een goed functionerende vereniging kan veel betekenen voor de persvrijheid als een aantal actieve journalisten gezamenlijk een vuist gaan maken op het gebied van de arbeidsvoorwaarden en onafhankelijkheid. "Het moet vanuit actieve journalisten komen, zodat zij een draagvlak kunnen creëren. Een goede school voor journalisten en een actieve vereniging zouden een heel groot verschil kunnen maken", vertelt Thomas Bruning, algemeen secretaris van de Nederlandse Vereniging van Journalisten (NvJ).

Met het kwalitatieve niveau van de journalistiek staat niets meer of minder op het spel dan de ontwikkeling van de democratie in Suriname. Die kan immers niet zonder een geschoolde journalistieke vereniging, die op professionele wijze de overheid en andere verantwoordelijken controleert door middel van onafhankelijk feitenonderzoek en kritische analyses. Als beroepscodes niet worden nageleefd, is een beperking op de persvrijheid eerder gerechtvaardigd. Het handhaven van regels uit journalistieke codes is daarom in het voordeel van de journalist. Een vereniging met officiële journalistieke codes zou hier een verschil in kunnen maken.

Alfaisie ziet daarom het oppakken van de vereniging als

beroepsgroep als een stap in de goede richting. "Er moet een transparante vereniging komen." Hij vindt het belangrijk dat journalisten in Suriname geregistreerd worden. "De bedoeling daarvan is niet om een grens te gaan trekken voor het vrije beroep, want natuurlijk moeten andere mensen het vak kunnen uitoefenen, maar om overzicht te krijgen in het veld. Een persgids, dat is ook handig om te netwerken."

Ook Bisessar is positief over het verbeteren van de SvJ. "Een verbeterde SvJ met nieuwe imput en duidelijke regels zou zoveel verschil kunnen maken."

Daarnaast zijn veel journalisten het erover eens dat een verbetering van het onderwijs een groot verschil zou kunnen maken voor de kwaliteit van het werk en de persvrijheid. Censuur en de problemen die dit met zich meebrengt, moeten systematisch aangepakt worden. Het internet en mobiele apparatuur geven hier veel nieuwe kansen voor. Denk bijvoorbeeld aan sociale media, waarbij misstanden snel en makkelijk aan de kaak gesteld kunnen worden. Het is van belang dat journalisten worden opgeleid met de kennis van deze middelen. Leeuwin ziet het nut van een goede opleiding in: "Een goede academie, goed onderwijs en weten wat journalistiek is, is van belang. Er is ervaring en kennis nodig. Als er geen opleiding is, zal de journalistiek geen grote stappen vooruit gaan maken."

Alfaisie denkt dat de opleiding beter moet worden afgericht op het veld. "Daarnaast moeten bedrijven zelf ook meer gaan investeren in het trainen van journalisten." Snijders denkt dat het instapniveau van de opleiding hoger moet. "Nu mag je instromen met een HAVO-diploma. Er moet een toelatingsexamen komen, zodat studenten die het echt willen eruit gefilterd worden."

_ Inspiratie

Inspirerende journalisten die de journalistiek willen verbeteren zijn erg belangrijk. Ook al is er maar één iemand die boven het maaiveld uitsteekt. De ethiek van een journalist is ongelooflijk belangrijk voor de betrouwbaarheid. Een journalist is niets zonder het vertrouwen van het publiek. Persvrijheid is iets waar je permanent mee bezig moet zijn. Hierdoor moet er een levendige perscultuur aanwezig zijn.

Leeuwin denkt dat die inspirerende journalisten zeker aanwezig zijn in Suriname. "Veel mensen hebben passie. Surinamers kunnen over het algemeen harde werkers zijn. Dat merk je in de journalistiek, als ze het echt willen, gaan ze ervoor."

Het concept van de journalist bestaat uit constante innovatie en verandering. Bissesar vindt dat er voornamelijk vanuit het veld gewerkt moet worden. "Veldwerk is keihard werken, maar een nieuwsitem kan niet gemaakt worden tussen vier muren. Nieuws schittert pas op het moment dat het van het veld afkomt." De journaliste wil mensen inspireren en motiveren. "Doe iets wat opvalt, voeg er passie aan toe en dan ben je zelf de verandering." Ramcharan denkt dat deze motivatie veel kan veranderen. Daarnaast is er volgens haar meer verdieping in het vak en betere begeleiding op de redacties noodzakelijk.

Volgens Ramcharan kan de economische crisis ook nog een verschil maken: "Mensen gaan het nu zelf voelen in hun portemonnee en zien dat de president leugens verspreidt. Dan is het snel afgelopen." Hoogendam ziet dat de journalistiek groeit en er de laatste tijd steeds meer ruchtbaarheid wordt gegeven aan onderwerpen zoals de Amnestiewet.

Gelukkig zijn er dus nog genoeg journalisten die het goede voorbeeld geven en positief zijn. Zo heeft Brave groot vertrouwen in de Ware Tijd: "Als ik stop in de journalistiek, wil ik kunnen zeggen dat de Ware Tijd een gedegen bijlage heeft waarin achtergrondartikelen onderdeel van de cultuur zijn in de journalistiek. Dat is mijn streven." De passie ontbreekt dan ook zeker niet altijd, en dat geeft hoop voor de toekomst.

DANKWOORD

Dit boek had nooit de vorm kunnen krijgen die het nu heeft zonder de *Eva Tas Foundation*, Rudolf Geel en Jan Honout, de kritische blik van Tom van Moll, Huub Lakerveld, lieve ex-collega's bij *Parbode*, alle journalisten en mensen die ik heb mogen interviewen en familie en vrienden die eindeloos hebben geluisterd naar al mijn verhalen en bevindingen wat betreft dit onderwerp. *Grantangi!*

REFERENTIELIJST

Admin. (21 juni 2016). President doet uitspraken tijdens DNA-vergadering. Geraadpleegd op 21 juni 2016, van: http://www.worldnieuws.com/de-ware-tijd/breaking-president-doet-uitspraken-tijdens-dna-vergadering/

Alfaisie, L. [Persoonlijk interview journalistiek in Suriname]. 14 november 2015

Alting, R. [Persoonlijk interview persvrijheid Suriname]. 28 augustus 2014

Amnesty International. (z.j. b). Decembermoorden en Moiwana (Suriname) Geraadpleegd op: 19 september 2014, van: http://www.amnesty.nl/mensenrechten/encyclopedie/decembermoorden-en-moiwana-suriname

Anonieme bron 1. [Persoonlijk interview persvrijheid Suriname]. 17 januari 2014

Anonieme bron 2. [Persoonlijk interview persvrijheid Suriname]. 13 oktober 2014

Anonieme bron 3. [Persoonlijk interview journalistiek in Suriname]. 10 november 2015

Anonieme bron 4. [Persoonlijk interview journalistiek in Suriname]. 12 november 2015

Bartels, V. (9 oktober 2014). Ernstige onderdrukking maakt plaats voor subtiele ondermijning. Geraadpleegd op: 2 november 2014, van: http://debuitenlandredactie.nl/2014/10/ernstige-onderdrukking-maakt-plaats-voor-subtiele-ondermijning/

Bissesar, S. [Persoonlijk interview journalistiek in Suriname]. 16 januari 2014

Bissesar, S. [Persoonlijk interview journalistiek in Suriname]. 13 november 2015

Boerboom, H. (5 april 2012). Amnestiewet overwinning Bouterse. Geraadpleegd op 7 januari 2015, van: http://nos.nl/artikel/359163-amnestiewet-overwinning-bouterse.html

Braak van den , S. (2014). Seshma Bissesar; 'Ik wil het goede voorbeeld geven.' 1 maart, 2014, p. 14, 15, 16, 17

Braak van den, S. (februari 2015). Bachelor thesis *Persvrijheid in Paramaribo*. HvA

Braak van den, S. (2 mei 2015). Journalisten voelen zich niet helemaal vrij. Geraadpleegd op 2 mei 2015, van: http://dagbladdewest.com/2015/05/02/journalisten-voelen-zich-niet-helemaal-vrij/

Brave, I. [Persoonlijk interview journalistiek in Suriname]. 17 november 2015

Brunning, T. [Persoonlijk interview persvrijheid]. 19 december 2014

Cairo, I. [Persoonlijk interview journalistiek in Suriname]. 14 oktober 2016

Dagblad Suriname. (8 mei 2014). Parbode dient DNA-lid Cheung van repliek. Geraadpleegd op 6 januari 2015, van: http://www.dbsuriname.com/dbsuriname/index.

php/parbode-dient-dna-lid-cheung-van-repliek/

De Surinaamse krant. (9 november 2015). Twee agenten en drie overvallers met schotwonden in het ziekenhuis. Geraadpleegd op: 20 november 2015), van: http://www.de-surinaamse-krant.com/2015/11/twee-overvallers-door-agenten.html

De Volkskrant. (30 juni 2016). Krijgsraad Suriname schort moordproces tegen Bouterse op. Geraadpleegd op 30 juni 2016, van: http://www.volkskrant.nl/buitenland/krijgsraad-suriname-schort-moordproces-tegen-bouterse-opffia4330138/

De Ware Tijd. (5 januari 2014). 'Kritiek op journalisten vanuit politiek goed teken'. Geraadpleegd op: 14 april 2014, van: http://dwtonline.com/laatste-nieuws/2014/01/05/kritiek-op-journalisten-vanuit-politiek-goed-teken/

De West. (30 november 2015). Alcoa houdt na eeuw Surinaamse bauxietsector voor gezien. Geraadpleegd op: 16 november 2015, van: http://dagbladdewest.com/2015/11/30/alcoa-houdt-na-eeuw-surinaamse-bauxietsector-voor-gezien/

DNA. (z.j.) Grondwet Suriname. Geraadpleegd op: 30 september 2014, van: http://www.dna.sr/wetgeving/surinaamse-wetten/geldende-teksten-tm-2005/grondwet-suriname/

Facebook. (2015). Surinaamse Vereniging van Journalisten. Geraadpleegd op: 8 november 2014, van: https://www.facebook.com/pages/De-Surinaamse-Vereniging-van-Journalisten/421897307878634

Freedom House. (2014). Freedom of the press 2014. [Rapport]. Geraadpleegd van: https://freedomhouse.org/sites/default/files/FOTP_2014.pdf

Freedom House. (2017). Freedom in the world 2017. Suriname profile. Geraadpleegd op: 19 februari 2017, van: https://freedomhouse.org/report/freedom-world/2017/suriname

Free Press Unlimited. (22 oktober 2014) 10 jaar 10 minuten jeugdjournaal in Suriname. Geraadpleegd op 1 december 2014, Van : https://www.freepressunlimited.org/nl/nieuws/10-jaar-10-minuten-jeugd-journaal-in-suriname

GOV. (2014). De overheid. Geraadpleegd op 20 juli: http://www.gov.sr/kabinet-van-de-vice-president/documenten/de-overheid.aspx

Hendriks, L. (24 maart 2013). "Ik kreeg een pistool tegen mijn kop, want ik schreef leugens". Geraadpleegd op: 22 oktober 2015, van: http://www.denieuwereporter.nl/2013/03/ik-kreeg-een-pistool-tegen-mijn-kop-want-ik-schreef-leugens/

Het Persmuseum. (23 september 2004). Persvrijheidlezing. Geraadpleegd op: 20 oktober 2014, van: http://www.persvrijheid.nl/uploadedfiles/persvrijheidlezing2004.pdf

Hoogendam, J. [Persoonlijk interview journalistiek in Suriname]. 13 juni 2016

Kemble-Starke, S. [Persoonlijke interview journalistiek in Suriname]. 25 november 2014

Lamé, E. (4 september 2014). 'Bouterse is rechter in eigen zaak'. Katern, p. 13

Leeuwin, W. [Persoonlijk interview Surinaamse Vereniging van Journalisten]. 26 november 2014

Leeuwin, W. [Persoonlijk interview Surinaamse journalistiek]. 18 november 2015

Maele van, P. (1 april 2014) Noreen Cheung (NDP) twijfelt nog steeds over Amnestiewet. Geraadpleegd op: 6 januari 2015, van: http://www.parbode.com/parbode-interview/item/5059-noreen-cheung

Maele van, P. [Persoonlijk interview Surinaamse journalistiek en persvrijheid]. 16 december 2014

Maele van, P. (z.j.) Zelfcensuur beperkt Surinaamse persvrijheid. Geraadpleegd op 16 april 2014, van: http://www.tone-app.nl/surinaamse-persvrijheid/

NJCM. (januari 2008). Persvrijheid en journalistieke ethiek. Geraadpleegd op: 20 oktober 2014, van: https://pure.uva.nl/ws/files/4347487/66353_301651.pdf

NOS. (9 juni 2016). Krijgsraad Suriname: strafzaak Decembermoorden moet doorgaan. Geraadpleegd op 9 juni 2016, van: http://nos.nl/artikel/2110058-krijgsraad-suriname-strafzaak-decembermoorden-moet-doorgaan.html

NOS. (21 juni 2016). 'Bouterse stuurt aan op noodtoestand om strafeis te voorkomen'. Geraadpleegd op 21 juni 2016, van: http://nos.nl/nieuwsuur/artikel/2112544-bouterse-stuurt-aan-op-noodtoestand-om-strafeis-te-voorkomen.html

Ramcharan, N. [Persoonlijk interview Surinaamse journalistiek en persvrijheid]. 2 december 2014

Ramcharan, N. [Persoonlijk interview Surinaamse journalistiek]. 13 november 2015

Reporters without borders. (2016). Index details. Data of press freedom ranking 2016. Geraadpleegd op: 19 februari 2017, van: https://rsf.org/en/ranking_table

Samwel, D. (22 november 2012). Surinaamse pers nog niet volwassen. Geraadpleegd op 28 november 2014, van: http://www.villamedia.nl/opinie/bericht/surinaamse-pers-nog-niet-volwassen/

Samwel, D. (3 januari 2013). De pers in Suriname. De Volkskrant. Media, p. 16 & 17

Samwel. D. (z.j.). His masters voice; Gebrek aan kritiek bij Surinaamse media. VPRO gids

Snijders, A. [Persoonlijk interview Surinaamse journalistiek]. 19 november 2015

Snijders, A. [Persoonlijk interview Surinaamse journalistiek]. 24 november 2015

Snijders, M., Dijck, J. van., Greven, M. et.al. (1995). Ethiek in de journalistiek. Amsterdam:

Otto Cramwincke

Stieven Ramdharie. (30 januari 2017). Krijgsraad: strafeis tegen Desi Bouterse wordt op 9 februari uitgesproken. Geraadpleegd op 30 januari 2017, van: http://www. volkskrant.nl/binnenland/krijgsraad-strafeis-tegen-desi-bouterse-wordt-op-9-februari-uitgesprokenffia4455487/

Sumter, A., Sens, A., Koninck, M, de. et.al. (2008). K'ranti. De Surinaamse pers. Amsterdam: Kit Publishers

Surinamepress. (2013). Dagblad de Ware Tijd wil een boek verbieden. Geraadpleegd op 12 augustus: http://surinamepress.com/nieuws/tag/meredith-helstone/

Surinamepress. (2013). Parbode moet uit de schappen. Geraadpleegd op 12 augustus 2014, van: http://surinamepress.com/nieuws/parbode-moet-uit-de-schappen/

Trouw. (9 februari 2017). Proces Decembermoorden toch weer uitgesteld. Geraadpleegd op 9 februari 2017, van: https://www.trouw.nl/democratie/proces-decembermoorden-toch-weer-uitgesteldffiacb6f34a/

Tuitel, R. (z.j.). Personvrijheid, de problemen van censuur en hoe die aan te pakken. Geraadpleegd op: 19 oktober, van: http://www.sen-foundation.org/wp-content/uploads/Personvrijheid-de-problemen-van-censuur-en-hoe-die-aan-te-pakken.pdf

Waterkant. (9 november 2015). Politie doodt twee rovers tijdens vuurgevecht. Geraadpleegd op: 20 november, van: http://www.waterkant.net/suriname/2015/11/09/politie-doodt-twee-rovers-tijdens-vuurgevecht/

Waterkant. (18 juni 2016). 'Commissie Desi Bouterse' stuurt communiqué. Geraadpleegd op 18 juni 2016, van: https://www.waterkant.net/suriname/2016/06/18/commissie-desi-bouterse-stuurt-communique/

Willems, L. [Persoonlijk interview persvrijheid]. 23 december 2014

EERDER VERSCHENEN IN DE SERIE

_ Honduras _ Dina Meza, *Kidnapped*
_ Vietnam _ Bui Thanh Hieu, *Speaking in Silence*
_ China _ Sofie Sun, *Drugs for the Mind*
_ Ethiopia _ Bisrat Handiso, *Genocide of Thought*
_ Macedonia _ Tomislav Kezharovski, *Likvidacija/Annihilation*
_ Cuba _ Amir Valle, *Gagged*
_ Cuba _ Amir Valle, *Palabras Amordazadas*
_ Bangladesh _ Parvez Alam, *Disappearing Public Spheres*
_ Turkey _ Fréderike Geerdink, *Bans, Jails and Shameless Lies*
_ Economics _ Peter de Haan, *Censorship Alert*

Gedrukte exemplaren zijn zolang de voorraad strekt gratis beschikbaar via Janhonout@evatasfoundation.com.
Als e-boek bij de reguliere verkooppunten.

www.ingramcontent.com/pod-product-compliance
Lightning Source LLC
Chambersburg PA
CBHW060514280326
41933CB00014B/2960